I0082325

BIBLIOTHÈQUE ORIENTALE ELZÉVIRIENNE

XLIII

LE MAHDI

DEPUIS LES ORIGINES DE L'ISLAM

JUSQU'À NOS JOURS

ANGERS, IMPRIMERIE BURDIN ET Cie, RUE GARNIER, 4.

LE MAHDI

DEPUIS LES ORIGINES DE L'ISLAM

JUSQU'A NOS JOURS

PAR

JAMES DARMESTETER

Professeur au Collège de France.

PARIS

ERNEST LEROUX, ÉDITEUR

28, RUE BONAPARTE, 28

1885

LE MAHDI

DEPUIS LES ORIGINES DE L'ISLAM
JUSQU'A NOS JOURS

CONFÉRENCE DU 28 FÉVRIER 1885
FAITE A LA SORBONNE
DEVANT L'ASSOCIATION SCIENTIFIQUE DE FRANCE

Mesdames, Messieurs,

Je vous dois, pour commencer, un aveu
loyal. Si vous êtes venus ici dans l'espérance de remporter de l'inédit sur le prophète du Soudan, je crains que vous ne
quittiez cette salle quelque peu déçus. Sur
le Mahdi de 1885, je ne crois pas avoir
grand'chose à vous apprendre qui n'ait déjà
été dit. La presse, d'ailleurs, se charge de
satisfaire votre curiosité mieux que je ne

saurais le faire et vous a dit déjà tout ce qu'on sait de lui, et même plus qu'on n'en sait. Heureusement, dans ce monde, et surtout dans le monde musulman, l'histoire se répète si étrangement que vous raconter les aventures des Mahdi d'autrefois, c'est déjà vous faire par avance l'histoire du Mahdi d'aujourd'hui, son histoire passée, présente et future. Vous savez, en effet, que le prophète d'aujourd'hui n'est point le premier de son espèce, pas plus qu'il n'en sera le dernier. Il y a eu des Mahdis avant lui et il y en aura après lui. L'histoire de ses prestiges, de ses promesses, de ses succès et, tôt ou tard, de la déception finale, toujours inévitable, a déjà retenti plus d'une fois dans l'Islam et retentira plus d'une fois encore. On a attendu le Mahdi dès les premiers jours de l'Islam et il y aura des Mahdis tant qu'il y aura un musulman. Nous remonterons donc, si vous le permettez bien, du 28 février de l'an de grâce 1885 — du 13 *djoumâdâ l'oulâ* de l'année 1302 de l'hégire — à l'an 622 de notre ère, à l'an I de l'ère musulmane.

THÉORIE DU MAHDI

Vous savez comment s'y prit Mahomet pour faire sa religion. Quand il parut, il y avait en Arabie, à côté du vieux paganisme national, trois religions étrangères : le judaïsme, le christianisme et la religion de Zoroastre, c'est-à-dire la religion qui régnait en Perse avant la conquête musulmane et qui s'était propagée en Arabie, au Nord par le commerce, et au Sud, dans le Yémen, par la conquête. Mahomet ne se mit pas en frais d'originalité : il prit ses dogmes aux juifs et aux chrétiens ; il prit sa mythologie aux juifs, aux chrétiens et aux Persans : il n'y eut jamais religion fabriquée à meilleur compte. Or, un trait qui était commun à ces trois religions, c'était la croyance en un être surnaturel qui devait, à la fin des temps, ramener dans le monde l'ordre et la justice qui en sont bannis et préluder au règne de l'immortalité et de la félicité sans fin.

Ce n'est pas ici le lieu de faire l'histoire de cette idée, que l'on appelle l'idée messianique : vous avez tous lu les pages admirables que lui a consacrées l'auteur de la *Vie de Jésus*. Pour notre objet présent, il suffit ici de vous rappeler que cette conception, qui est née dans le judaïsme et qui a donné naissance au christianisme, n'avait pris chez les juifs et les chrétiens eux-mêmes sa forme définitive que sous l'influence de la mythologie persane. De là, sous ses trois formes, juive, chrétienne et persane, malgré une certaine variété de détails, une ressemblance profonde dans les grandes lignes. Dans les trois religions, l'arrivée du Sauveur devait être précédée d'un immense déchaînement des forces du Mal, personnifié chez les juifs par l'invasion et les ravages de Gog et Magog; chez les chrétiens, par le Dragon ou la Bête de l'Apocalypse et par un faux prophète, le prophète de Satan, appelé l'Antéchrist; chez les Persans, par le serpent Zohâk, incarnation d'Ahriman, le mauvais principe (1). Des trois côtés également, le Sauveur devait descendre en droite ligne du personnage le plus auguste de la tradition nationale : chez les juifs et les chrétiens, il s'appelait le Messie et descendait du roi-prophète d'Israël, David; chez les Persans, il s'appelait Saoshyant et était fils du prophète de la Perse, Zoroastre (2) : il fallait que la figure qui, dans les trois religions, dominait l'histoire du monde, dominât aussi la fin du drame.

La doctrine messianique des musulmans est empruntée au christianisme. Les musulmans croient, comme les chrétiens, que Jésus doit, le jour venu, anéantir le démon déchaîné, la Bête de l'Apocalypse, le faux prophète de la dernière heure, l'Antéchrist, qu'ils appellent *Deddjâl*, c'est-à-dire l'imposteur. Mais l'Islam ne pouvait laisser à Jésus le rôle suprême et décisif. L'Islam croit à la mission de Jésus, mais non pas à sa divinité. Cinq prophètes jusqu'à Ma-

homet ont paru depuis la création : Adam,
Noé, Abraham, Moïse, Jésus, chacun plus
grand que son prédécesseur, chacun appor-
tant une révélation plus complète et plus
haute que la précédente. Jésus est au-dessus
des prophètes de la loi ancienne, mais il est
au-dessous des prophètes de la loi nouvelle,
celle qu'inaugura Mahomet. Il ne sera donc
dans la lutte finale que le serviteur et l'auxi-
liaire d'un personnage plus auguste : ce
personnage est le *Mahdi*.

Le sens littéral de ce mot de *Mahdi* n'est
point, comme on le dit généralement dans
les journaux, *Celui qui dirige*, sens en effet
plus satisfaisant pour un Européen ; *Mahdi*
est le participe passé d'un verbe *hadaya*,
diriger, et signifie *Celui qui est dirigé*. L'idée
fondamentale de l'Islamisme, c'est l'im-
puissance de l'homme à se diriger lui-même,
à trouver la vérité, la voie droite. Par
bonheur, Dieu envoie par instants à l'humanité ignorante des hommes en qui il met
sa science et à qui il révèle ce qui est et ce
qu'il faut faire : ce sont les prophètes. Le

prophète, par lui-même, est aussi igno-
rant, aussi frêle, aussi borné que le reste
de ses frères ; mais Dieu lui dicte, fait de
lui son porte-paroles, et, s'il est le direc-
teur des hommes, c'est parce que lui-même
est seul « le Bien-Dirigé », le dirigé de
Dieu, le *Mahdi*. Le mot de *Mahdi* n'est donc
qu'une épithète qui peut s'appliquer à tout
prophète et même à toute créature ; mais,
employé comme nom propre, il désigne le
Bien-Dirigé entre tous, le Mahdi par excel-
lence, c'est-à-dire le Prophète qui doit clore
le drame du monde. De celui-là Jésus ne
sera que le vicaire. Jésus viendra égorger
l'Antéchrist, massacrer les juifs, convertir
à l'islamisme les chrétiens et les idolâtres,
et, cela fait, il assistera le Mahdi dans la
célébration d'un office suprême, le dernier
célébré ici-bas, et répétera docilement la
prière que prononce le Mahdi, comme le
fidèle dans la mosquée répète les paroles
que prononce *l'imâm* (3), chef de la prière.
Alors retentiront les fanfares de la résurrection, et Dieu viendra juger les vivants
et les morts (4).

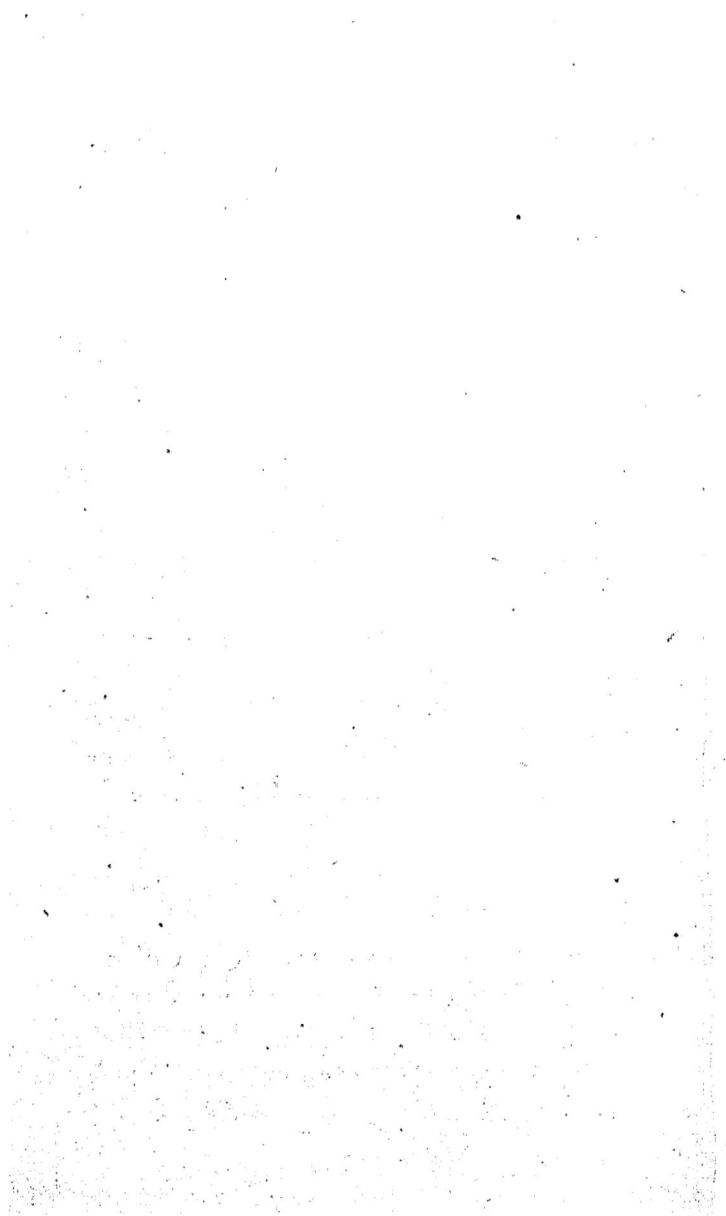

II

FORMATION DE LA THÉORIE DU MAHDI

Le Coran ne parle point du Mahdi. Il semble pourtant bien certain que Mahomet l'avait annoncé, sans que l'on puisse dire au juste l'idée qu'il s'en faisait. Parmi les paroles que lui prête la tradition se trouvent celles-ci : « Quand même le temps n'aurait plus qu'un jour à durer, Dieu suscitera un homme de ma famille qui remplira la terre de justice autant qu'elle est remplie d'iniquité (5). » Autrement dit, le Mahdi serait du sang de Mahomet.

On peut douter que Mahomet lui-même se fût exprimé aussi nettement sur ce point. Il n'avait point de fils et rien n'indique qu'il ait admis dans la prophétie ce principe d'hérédité qui répugne si fort au génie anarchiste de la race arabe. Ni de son vivant, ni en mourant, il n'avait désigné d'héritier. Dieu choisit qui il veut : il n'est pas astreint à faire descendre ses dons avec le sang, et ses faveurs ne sont pas enchaînées au hasard de la génération. Si le prophète disparaît sans avoir légué son manteau au disciple qu'il a distingué, c'est au peuple à reconnaître sur quelles épaules il doit le jeter. La question se posa dès la mort de Mahomet et fut bientôt tranchée. Il ne laissait qu'une fille, Fatimah, qu'il avait donnée à son cousin, le jeune Ali, le premier de ses prosélytes, le plus dévoué et le plus ardent. Tout un parti se forma autour d'Ali ; mais par trois fois il fut écarté, trois fois en vingt-trois ans, la succession du Prophète, le *Khalifat,* ouverte par la mort, passa à des étrangers : Abou Bekr, Omar, Othman.

Le gendre du prophète parvint enfin au khalifat, mais pour se débattre au milieu de haines féroces sous lesquelles il succomba. Le fils d'un des adversaires les plus acharnés du Prophète, de l'un de ceux qui avaient tenu jusqu'au bout pour la vieille idolâtrie arabe, Moaviah, préfet de Damas, chef de la famille des Oméiades, fonda le khalifat héréditaire sur le cadavre du gendre du Prophète. C'était la revanche du paganisme. Ces khalifes de Damas étaient d'affreux mécréants, qui buvaient le vin sans se cacher, au lieu de le boire en se cachant, comme c'est le devoir d'un pieux musulman. Leur représentant typique était ce Wélid II, qui s'exerçait à la cible sur le Coran en lui disant en vers : « Au jour de la résurrection tu diras au Seigneur : C'est le khalife Wélid qui m'a mis en lambeaux »; ou cet Abd-el Melik, qui, à l'instant où il fut salué du titre de khalife, fermait le Coran, qui jusqu'alors ne l'avait jamais quitté, en disant : « Maintenant, il faut nous séparer. » Et pourtant c'est sous les auspices de ces princes à demi idolâtres que l'Islam fit ces merveilleuses conquêtes qui sont encore aujourd'hui l'étonnement de l'histoire, comme la Révolution fit le tour de l'Europe sous la cravache de Napoléon. C'est la loi, qu'un principe nouveau ne triomphe dans le monde que par ceux qui le corrompent et l'exploitent. C'est au moment de ce triomphe des Oméiades que commença à se préciser et à se développer la doctrine du Mahdi au profit des descendants d'Ali.

C'est que dans l'intervalle un événement capital s'était produit : la conquête de la Perse. Cet immense empire qui, pendant quatre siècles, avait tenu tête à Rome et à Byzance, venait de crouler en quelques années, sous le choc de quelques escadrons arabes poussant le cri de : « Dieu est grand », *Allah akbar*. La résistance nationale fut nulle : les armées de l'État dispersées, le peuple se soumit sans bouger. Bien plus, il adopta en masse la religion nouvelle, bien qu'elle ne fût pas imposée. Car les Arabes des premiers temps, si fanatiques qu'ils fussent, n'offraient point le choix, comme on l'imagine, entre le Coran et le glaive : ils laissaient une troisième alternative, le tribut à payer, et les Khalifes aimaient beaucoup mieux voir les peuples adopter cette der-

nière alternative, qui avait le grand avan-
tage de remplir les coffres. Les succès du
Coran effrayaient leurs ministres des finan-
ces et, comme s'en plaignaient les intran-
sigeants de l'Islam, il semblait que Dieu
eût envoyé le Prophète, non comme
apôtre, mais comme collecteur de taxes.

La Perse se convertit en masse et de
plein gré : l'invasion arabe était pour elle
une délivrance, en religion comme en politique. Elle avait subi sous les derniers
rois nationaux une période d'anarchie
épouvantable, et la religion d'État, le zo-
roastrisme, religion d'une morale très pure
et très haute, avait néanmoins inauguré
en Orient une chose alors toute nouvelle :
l'intolérance. Chargée de pratiques péni-
bles, de prohibitions vexatoires auxquelles
les Sassanides — les premiers souverains
qui aient inventé la formule du trône appuyé sur l'autel (6) — prêtaient l'appui
du bras séculier, elle avait perdu toute
prise sur les esprits; et comme, d'autre
part, elle était aussi hostile que possible
à cet esprit d'ascétisme que le peuple

aime à voir dans sa religion, même et surtout quand il ne la pratique pas, elle cessait d'être respectée sans cesser d'être lourde : elle ne pouvait plus durer, parce qu'elle ne gênait pas les passions et qu'elle gênait les intérêts.

Aussi, du jour au lendemain, la moitié de la Perse était musulmane, d'un islamisme étrange, il est vrai : l'Islam la dégageait de son culte incommode ; mais elle y transportait une chose à laquelle un pays tient bien plus qu'à sa religion, à ses dogmes et à son culte : elle y transportait en masse toute sa mythologie.

Quand la querelle entre Ali et les Oméiades éclata, la Perse, au fond, était bien peu intéressée dans la querelle : que lui importait qui tenait en main le bâton du khalife, de l'Arabe Ali ou de l'Arabe Moaviah ? Elle devait faire des vœux pour le vaincu, quel qu'il fût : c'était faire des vœux contre le maître. Le sentiment national s'était assez vite redressé. De revenir à l'ancienne religion, on n'y songeait guère : les souvenirs de cette dure et pédantesque discipline étaient encore trop cuisants. On restait musulman ; mais l'Islam est une chose et les Arabes en sont une autre : on voulait bien de l'un ; mais des autres, le moins possible. Ali ayant succombé, Ali avait le droit. Mais, une fois que la Perse fut *alide*, elle le devint de cœur et pour une raison profonde : c'est qu'Ali, gendre du prophète, c'est que les fils d'Ali, petits-fils du prophète, représentaient, pour un Persan, le principe de l'hérédité, du droit divin.

Or, la constitution persane, depuis des siècles, reposait sur le droit divin, principe commun d'ailleurs à toutes les nations aryennes dans leurs périodes primitives. Les Perses, comme les Indous, comme les Grecs homériques, croyaient que parmi les hommes il existe certaines familles, directement descendues de Dieu, et auxquelles appartient l'empire par le droit de leur nature surhumaine : ces rois, « ces fils de Zeus », comme disaient les Grecs, recevaient, croyait-on en Perse, et se transmettaient par la génération une flamme subtile, sorte d'auréole venue du ciel et qui s'appelait le *Farri yazdan*, c'est-à-dire « la gloire venue de Dieu ». Le roi était Dieu, fils de Dieu. Sur les inscriptions qui nous restent de ces princes, ils se proclament « divins, de race céleste (7) » ; ils s'intitulent dans leur correspondance « frère du Soleil et de la Lune, homme parmi les dieux, Dieu parmi les hommes (8) » ; ils portaient sur leur couronne une représentation du globe céleste, pour rappeler qu'ils étaient l'axe ou le pôle de l'humanité (9). Pendant quatre siècles, sous les Sassanides, la Perse avait été glorieuse et puissante, parce que le pouvoir était resté dans le sang légitime et divin : ces grands Sassanides eux-mêmes ne s'étaient pas sentis affermis sur le trône qu'ils ne se fussent rattachés d'abord, par-dessus les Parthes et les successeurs d'Alexandre, à la race des Achéménides, héritiers directs des premiers héros mythiques de l'*Avesta*, Féridoun et Djemchid. La décadence de la Perse avait commencé le jour où l'usurpation avait interrompu la lignée divine. Aussi, pour un Persan croyant à l'Islam, les prétentions et le triomphe des Oméiades, en dehors même de leur indignité religieuse, étaient un renversement monstrueux de la raison et du droit.

Aussi Ali, à peine mort, entra de plain-pied dans la légende et le mythe. Ali, cousin, frère, puis fils d'adoption du Prophète, son premier fidèle et son plus intrépide défenseur; le guerrier que jamais homme n'avait vaincu, « à la naissance de qui, disait le khalife Abou-Bekr, les plus braves épées étaient rentrées dans le fourreau »; le Samson des temps nouveaux qui, à l'assaut de Khaibar, avait arraché de ses gonds la porte de la ville et s'en était couvert comme d'un bouclier; le beau, le noble, le charitable, le généreux, le sage et savant Ali, de qui le prophète avait dit : « Je suis la ville de la science et Ali en est la porte »; Ali, trois fois dépouillé par l'intrigue de l'héritage de son père et tombant enfin sous le poignard des assassins, devint pour les siens comme une sorte de Christ héroïque et militant (10).

De là le grand schisme qui dès les premiers jours divisa l'Islam. Tandis que la plus grande partie des musulmans, les hommes de la tradition, les *Sonnites*, révéraient les trois premiers khalifes électifs à l'égal d'Ali, les autres, recrutés principalement parmi les Persans, les maudissaient comme usurpateurs et ne reconnaissaient que le gendre du Prophète pour *imâm* ou chef légitime : ils formaient la secte des Alides ou *imâmiens*, c'est-à-dire de ceux qui croient qu'il y a dans tous les temps un *imâm* impeccable dont l'existence est absolument nécessaire pour maintenir l'ordre de l'univers, qu'il n'y a qu'un *imâm* légitime dans le monde comme il n'y a qu'un Dieu dans le ciel, et que cette dignité d'*imâm* est fixée dans la race d'Ali, choisi de Dieu. C'est la secte plus connue en Europe sous le nom que lui ont donné les orthodoxes, de *chiites* ou *sectaires*. Le culte d'Ali prit bientôt chez une partie de ses fidèles toutes les allures d'une religion. Il y avait en lui une part de la divinité ; aussi n'était-il point mort, il était monté au ciel ; c'était lui qu'on voyait passer dans l'orage sur les nuées, c'était lui dont on entendait la voix dans le tonnerre et dont on voyait le fouet se tordre dans l'éclair. De son vivant même, dit-on, des hommes l'avaient adoré comme l'incarnation, disant : « Tu es Dieu. » Ali, indigné, et inconscient de sa divinité, leur faisait trancher la tête et les têtes en roulant continuaient à crier : « Ali, tu es Dieu ! (11) »

Ali laissait deux fils de Fatimah, Hasan et Husein ; Hasan fut empoisonné par les Oméiades ; Husein, abandonné dans la lutte par les partisans qui l'avaient appelé, avait été massacré à Kerbela avec toute sa famille, après une résistance héroïque et des scènes d'horreur dont la représentation a donné naissance en Perse à un monotone et admirable théâtre, que nous ont fait connaître les travaux de M. de Gobineau et de M. Chodzko (12) et qui aujourd'hui encore, chaque année, fait pleurer de douleur et de rage le Persan le plus incrédule.

Les Oméiades pouvaient triompher, assiéger et saccager les villes saintes, Médine et la Mecque, pousser les armes de l'Islam jusqu'au delà de l'Oxus et de l'Indus, jusqu'au Caucase, jusqu'aux Pyrénées : ils n'étaient que les maîtres de fait. Il n'y avait de chef légitime, d'*imâm,* que dans la race d'Ali. Si sombre que fût le présent, d'Ali devait sortir le sauveur futur, le Mahdi, puisqu'avait été confié à Ali le dépôt du sang du Prophète. Les Perses zoroastriens croyaient que le Sauveur, Saoshyant, devait naître du sang de leur prophète, Zoroastre : les Perses convertis n'avaient qu'à changer les noms propres. Ils racontaient qu'un jour Ali avait demandé au Prophète : « O prophète de Dieu! le Mahdi sera-t-il des nôtres ou bien d'une autre famille? » Et le prophète avait répondu : « Certainement il sera des nôtres. C'est par nous que Dieu doit achever son ouvrage, de même que par nous il l'a commencé (13). »

L'idée du *Mahdi*, une fois lancée, va
faire le tour du monde musulman : nous
allons la suivre rapidement chez les Persans, les Berbères, les Turcs, les Égyptiens et les Arabes du Soudan, sans avoir
d'ailleurs la prétention de faire défiler
devant vous tous les Mahdis qui ont passé
un instant sur la scène prophétique, car
leur nom s'appellerait *Légion*.

III

Le second fils d'Ali et de Fatimah, Husein, ne laissait qu'un enfant de dix ans, Ali, trop jeune pour servir de point de ralliement aux mécontents. Mais Ali laissait un autre fils, né d'une autre femme que Fatimah, nommé « Mohammed, fils de la Hanéfite ». Il vivait retiré à la Mecque, loin des dangers de la vie active; mais tous les cœurs des Alides étaient tournés vers lui. Un ambitieux, nommé Mokhtar, se souleva en son nom et prit le titre de « lieutenant du Mahdi ». C'est la première fois que ce nom de Mahdi paraît dans l'histoire; il y avait un demi-siècle que le Prophète était mort. Ce Mokhtar était un habile homme qui avait passé par tous les

2.

partis et qui, pour pallier ses palinodies, se tirait d'embarras en invoquant un dogme de son invention que je recommande aux théologiens politiques ; le dogme de la mutabilité de Dieu. L'activité intellectuelle de Dieu est si puissante qu'il faut bien qu'il change d'idées à chaque instant, et naturellement ceux qui suivent les inspirations de Dieu doivent — c'est un devoir sacré — essayer de le suivre dans ses variations. Il annonçait à ses soldats que, s'ils faiblissaient dans la bataille, les anges viendraient à leur secours sous forme d'oiseaux, et il lançait au moment critique des volées de pigeons qui, en effet, faisaient merveille. Il faisait porter devant ses soldats un siège acheté dans un bric-à-brac de Koufa, qu'il exposait à la vénération des fidèles comme étant le siège d'Ali, et qui devait être pour eux, disait-il, ce que l'Arche d'alliance était pour les enfants d'Israël : avec ce palladium, ils seraient invincibles (14).

Mohammed, sentant bien qu'il ne serait qu'un pantin aux mains de cet homme

d'esprit, le laissa faire sans se prononcer.
Mokhtar périt, malgré toutes ses finesses ;
mais Mohammed, bon gré, mal gré, n'en
resta pas moins le Mahdi pour les partisans
de Mokhtar. Il n'en mourut pas moins à
son tour ; mais ses fidèles ne voulurent
pas croire à sa mort et annoncèrent qu'il
reviendrait. C'était la première invasion
dans l'Islam d'un vieux mythe familier à
la mythologie persane et que nous allons
rencontrer à présent bien des fois : le mythe
d'un héros cru mort, qui attend, caché ou
endormi, l'heure de reparaître. C'est une
des légendes favorites de la mythologie
aryenne et en particulier de la mythologie
persane : elle est née d'un mythe natura-
liste, de la réapparition de la lumière engloutie dans la nuit ou dans l'orage. Le
héros lumineux, pleuré comme mort, re-
paraissait triomphant ; il n'était donc qu'endormi. De là, dans la victoire des ténèbres
l'attente d'un réveil. Le dieu n'est pas
mort ; il sommeille, il se réveillera (15).

Ces formules prêtaient merveilleuse-
ment à l'imagination populaire, qui de-

vant les tristesses du présent aime à mettre
une espérance dans les lointains de l'avenir.
Chez les peuples tourmentés d'un rêve
national, c'est l'attente d'une ère nouvelle.
Vous savez combien de siècles les Celtes
d'Angleterre ont attendu Arthur, qui re-
pose dans l'île d'Avalon où la fée Morgain
guérit ses blessures et qui en sortira pour
chasser les Saxons et conquérir le monde.
Les Serbes attendent Marko Kralievitch,
qui dort dans la caverne où Dieu l'a trans-
porté au plus fort de la bataille. Vous
connaissez par Victor Hugo Frédéric Bar-
bérousse et le château de Kaiserslautern ;
vous vous rappelez les cris de joie des
poètes allemands en 1870, s'écriant que
Barberousse était réveillé et que l'arbre
flétri avait reverdi (16). En 1848, à la nouvelle des défaites autrichiennes en Italie,
le bruit se répandit qu'au moment où il ne
resterait plus à l'empereur que deux soldats,
l'hôte souterrain allait reparaître et dans
un ouragan balayer l'armée italienne. En
Portugal, plus d'une vieille femme raconte
encore que don Sébastien, avec qui la

grandeur de la nation s'est engloutie, il y a trois siècles, dans les sables de l'Afrique, n'est point couché dans la tombe : il va bientôt, avec une flotte, revenir du Brésil ; don Louis abdiquera devant lui et les grands jours de Vasco de Gama recommenceront. Et, de nos jours même, de combien s'en fallait-il que Napoléon ne se réveillât de sa tombe à Sainte-Hélène ? Par malheur ou par bonheur, il venait après le xviii° siècle ; l'imagination populaire était assagie et épuisée, et la poésie sortait de la pensée nationale au moment même où elle entrait triomphalement dans l'histoire.

La Perse s'était bercée pendant des siècles de légendes pareilles. Nul peuple n'a tant de héros endormis et prêts à reparaître. Le plus illustre était Kerésâspa, un pourfendeur de démons qui, après des exploits sans nombre, avait été frappé dans son sommeil par la lance d'un Touranien. Mais, mort, il vit encore : quatre-vingt-dix-neuf mille neuf cents anges veillent sur son corps dans la plaine de Kaboul. A la

fin des temps, quand le serpent Zohâk, incarnation d'Ahriman, vainement enchaîné
jadis par Féridoun au mont Demavend,
brisera ses chaînes et parcourra le monde
en vainqueur, comme l'Antéchrist chrétien
et le Deddjâl musulman, Keresâspa se re-
lèvera de son sommeil pour l'abattre d'un
coup de massue. A côté de Keresâspa il y
a bien d'autres immortels qui attendent
dans la tombe l'heure de la lutte finale :
Khumbya, Aghraêratha et les compagnons
d'armes du roi Kaikhosrav. A côté des
morts immortels, il y a les héros qui n'ont
pas goûté la mort et qui attendent dans
des régions lointaines ou invisibles : Ur-
vatatnara, le fils de Zoroastre, qui a porté
la loi de son père dans le royaume souterrain de Yima ; Peshôtanu, le fils du roi
Gushtâsp, à qui Zoroastre a fait boire une
coupe de lait sacré et qui en est devenu
immortel. Tel est le cortège qui, à la fin
des temps, se pressera autour de Saoshyant,
le fils non encore né de Zoroastre, quand
il paraîtra pour tuer la Mort et présider à
la résurrection (17).

Quand Mohammed, le fils d'Ali, quand
le premier Mahdi reconnu eut disparu,
qu'il n'y eut plus moyen de douter qu'il
n'était plus là, la vieille mythologie vint
soutenir dans leur foi nouvelle les espérances des néo-musulmans. Les poètes
chantèrent qu'il était caché pour un temps,
près de Médine, dans la vallée de Radwa,
où coulent l'eau et le miel, en attendant le
jour où il apparaîtrait à la tête de ses cavaliers, précédés de l'étendard (18). Mohammed lui-même, disait-on, avait désigné du
doigt la passe des montagnes d'où le Mahdi
devait sortir et rassembler autour de lui
des armées aussi nombreuses que les flo-
cons de vapeur dont se composent les
nuages ; et il y en avait qui avaient établi
là leur demeure et y moururent dans l'attente (19). On fixait à soixante-dix ans —
la durée biblique de la vie humaine — le
temps de sa disparition. Il reste un fragment
d'un de ces poèmes, dus à un grand poète du
temps, le *Seid himyarite* (20). Permettez-moi
de vous en citer quelques vers dans la belle
traduction de M. Barbier de Meynard :

« O toi pour qui je donnerais ma vie, bien long est ton séjour dans cette montagne!

« On persécute ceux de nous qui t'implorent, ceux qui te proclament khalife et imam.

« Tous les peuples de la terre comptent soixante-dix années pour la durée de ton absence.

« Non, le fils de Khawlah (21) n'a pas goûté le breuvage de la mort. La terre ne recèle pas ses dépouilles.

« Il veille au fond du val Radwa, au milieu des entretiens des anges...

« O vallée de Radwa, que devient celui que tu dérobes à nos yeux et dont l'amour trouble notre raison?

« Jusques à quand et combien de temps durera notre attente, ô fils du prophète, toi qui vis nourri par Dieu (22)? »

Pendant qu'on attendait le retour de Mohammed, le fils de Husein, le petit-fils d'Ali, grandissait. Les morts ne tiennent pas longtemps contre la poussée des vivants et la masse des Alides abandonna l'imam invisible pour l'imam présent et visible. Il fut empoisonné. Son fils Mohammed lui succéda dans la vénération des Alides : il fut empoisonné à son tour. Le poison était la consécration temporelle des imams. Un frère cadet de Mohammed, Zeid, s'était proclamé Mahdi et avait levé l'étendard de la révolte : il périt. Le khalife fit attacher son cadavre nu au gibet et le fit insulter par ses poètes : « Nous avons attaché votre Zeid au tronc d'un palmier ; je n'avais jamais vu un Mahdi pendre au gibet (23) ».

IV

Mais les jours des Oméiades étaient
comptés. Après un règne d'un siècle, ils
disparaissaient en un jour devant les Abbassides ; toute la famille royale, quatre-
vingts membres, invités à un banquet de
réconciliation, avaient été égorgés, et les
vainqueurs s'étaient livrés à l'orgie sur un
plancher de cadavres. Les Alides respi-
rèrent et crurent leur heure venue. C'était
en s'appuyant sur eux et comme en leur
nom que les Abbassides avaient lutté, et
ils crurent que la victoire était pour eux.
Ils furent vite et cruellement désabusés.
Les Abbassides appartenaient comme eux
à la famille de Mahomet : ils descendaient
d'un nommé Abbas, oncle du Prophète.

Tant que la lutte durait, ils avaient caché leurs prétentions personnelles ; ils s'étaient donnés comme les vengeurs d'Ali et de ses fils ; ils avaient surexcité le fanatisme alide, qui avait armé pour eux la Perse entière ; ils avaient envoyé par tout l'empire de véritables missionnaires qui entretenaient et attisaient le souvenir toujours brûlant des scènes de Kerbela et faisaient pleurer et frémir la Perse musulmane devant la Passion d'Ali et de ses fils, dieux et martyrs. Leurs émissaires faisaient jurer fidélité à un calife de la famille du Prophète, sans dire son nom. Ils avaient pour agent principal et pour exécuteur des hautes œuvres un homme de la Perse orientale, ancien garçon sellier, Abou-Mouslim, convaincu, austère, atroce, un de ces hommes qui, selon le mot d'un poète du temps, ne buvaient l'eau que mélangée avec le sang ; un homme de 93, formé par le Coran.

A mesure que l'étoile des Oméiades baissait, les Abbassides rejetaient peu à peu les Alides dans l'ombre : n'étaient-ils

pas, eux aussi, de la race du prophète ?
Et, pour appuyer leurs droits, ils répan-
daient le bruit que le premier Mahdi, Mohammed, le fils de la Hanéfite, avait en
due forme transmis ses droits à un de leurs
ancêtres (24) : ils forgeaient des traditions
nouvelles, des mots apocryphes prêtés à
Mahomet, qui ne réclamait pas. Mahomet
aurait dit un jour à son oncle Abbas :
« En vous reposera la prophétie et la sou-
veraineté. » Une autre fois, il lui avait dit
en toutes lettres : « Parmi les khalifes, tes
fils, il y en aura un qui fera la prière avec
Jésus, fils de Marie. Oui, mon oncle, ne
sais-tu pas que le Mahdi sera de tes descendants, le bienheureux Mahdi que Dieu
approuve et fait prospérer (25) ? » Aussi,
quand le trône des Oméiades fut vide, les
Alides, prêts à y monter, trouvèrent leurs
vengeurs qui leur barraient le chemin. Les
principaux capitaines des Abbassides étaient
des Alides qui avait cru travailler pour les
descendants d'Ali : on se défit d'eux un
à un.

Abou Mouslim lui-même alla rejoindre les six cent mille victimes qui, dit-on, avaient péri de sa main. Sa chute avait été amenée par une lettre qu'il avait envoyée au khalife Almansor, et qui est comme l'acte de repentir d'un Danton musulman :

« J'avais un guide de la famille du Prophète qui devait m'enseigner la doctrine et les devoirs prescrits par Dieu. Je croyais trouver chez lui la science ; mais il m'a conduit à l'erreur, à l'aide du Coran même, car il le faussait par amour pour les biens de ce monde. Il m'a ordonné, au nom de Dieu, de tirer l'épée, de bannir tout sentiment de pitié de mon cœur, de n'accepter des adversaires aucune justification et de ne pardonner aucune erreur. Tout cela, je l'ai fait ; je vous ai frayé la route qui conduit au pouvoir, car je ne vous connaissais pas ; mais maintenant Dieu m'a tiré de mon erreur ; maintenant je ne vous connais que trop bien ; maintenant je me repens et fait pénitence. Que Dieu me pardonne toutes les injustices que j'ai commises ; mais, s'il ne me pardonne pas, s'il me punit, je devrai encore reconnaître qu'il est juste (26). »

C'était si bien la vieille mythologie persane qui inspirait le mouvement alide, qu'Abou Mouslim trouva pour vengeur un prêtre du feu, Sinbad, appartenant à une ancienne secte de la Perse zoroastrienne, la secte de Mazdak. Il allait annonçant qu'Abou Mouslim n'était pas mort, qu'au moment de périr il avait invoqué le nom suprême et caché de Dieu et avait échappé aux mains d'Almansor en s'envolant sous la forme d'une colombe blanche. Il était retiré dans un château de cuivre, dans la compagnie du Mahdi, qui allait bientôt en sortir avec lui, avec Mazdak pour vizir. Il fallut sept ans de luttes acharnées pour venir à bout de Sinbad (27).

Bientôt cet Abou Mouslim, grandissant de plus en plus après sa mort, de précurseur du Mahdi devint incarnation divine. Il eut pour apôtre et successeur un ouvrier foulon, qui avait été son secrétaire et que l'on appelait le Prophète voilé (28), *El-Moqanna*, parce qu'il se couvrait d'un voile pour ne pas éblouir les yeux mortels de la splendeur de son auréole, en réalité pour cacher une blessure horrible qui l'avait défiguré. Il enseignait que Dieu avait paru neuf fois dans un corps humain. Adam, Noé, Abraham, Moïse, Mahomet, Ali et le fils de la Hanéfite, avaient été les sept premières incarnations. Il avait ensuite paru sous les traits d'Abou Mouslim, et à présent il se révélait et se voilait à la fois sous les traits d'El-Moqanna. A force de miracles, c'est-à-dire de tours de physique amusante, où il était passé maître, le prophète voilé du Khorasan passa dieu. Trois armées envoyées contre lui furent anéanties ; enfin, cerné et aux abois, il mit le feu à sa forteresse et disparut comme un archange : des siècles après, il avait encore des adorateurs (29).

Il ne tenait peut-être qu'aux Abbassides de détourner à leur profit tout ce courant de folie religieuse. Parmi les soldats d'Abou Mouslim se trouvaient trois mille hommes du Khorasan, les Ravandis, qui un beau jour découvrirent que le Dieu qu'ils cher-

chaient sur terre était le khalife même qu'ils
venaient d'introniser, Almansor : l'âme
d'Adam avait passé dans son capitaine des
gardes ; l'ange Gabriel, dans le préfet de
la ville.

Chaque fois qu'ils voyaient Almansor, ils se prosternaient en disant :
« Voilà Dieu ; il y a une portion de Dieu
en lui. » On lui conseillait de les mettre
à mort comme hérétiques ; il répondit
assez spirituellement : « J'aime mieux les
voir aller en enfer et m'être fidèles qu'aller
en paradis et se révolter. » Un jour, ils se
mirent à tourner autour du palais, comme
le font les pélerins de la Mecque autour
de la Caaba : ils gênaient la circulation ;
Almansor, de mauvaise humeur ce jour-là,
les fit mettre en prison et leur défendit
de s'attrouper sous peine de mort. Ils se
réunirent, décidèrent que la part de Dieu
qui était en lui en était sortie, que Dieu
l'avait maudit, qu'il fallait le tuer pour
que Dieu s'incarnât dans un autre. Et ils
marchent sur le palais, qu'ils faillirent
enlever par un coup de main. Seul, le dé-

3.

vouement d'un serviteur lui sauva la vie
et la couronne (30).

Cependant les Alides, après une lueur
d'espoir, voyaient se rouvrir pour eux la
voie du martyre. Le second khalife, Almansor, avait donné à son fils et héritier le nom
de Mahdi pour protester contre leurs prétentions : mais un titre ne suffisait pas à
réduire au silence les héritiers légitimes :
deux Alides, deux frères, Mohammed et
Ibrahim, se soulevèrent à la fois, l'un en
Arabie, l'autre aux bords de l'Euphrate :
ils périrent l'un et l'autre. Les Alides n'a-
vaient fait que changer de bourreaux : les
bourreaux étaient de la famille ; c'était
toute la différence. La sœur de Mohammed, en apprenant sa mort, s'écria dans
l'allégresse : « Dieu soit loué de ce qu'il
n'a pas pris la fuite et n'est pas tombé vivant dans leurs mains! Il a été tué comme
son père, ses oncles et ses aïeux » (31). Le
chef de la famille des Alides, l'imam légitime, qui vivait au moment de la chute
des Oméiades, Djafar, avait péri par le
poison comme ses prédécesseurs ; son suc-

cesseur, le septième imam, Mousa, fut empoisonné à son tour par le khalife des *Mille et une Nuits*, Haroun al-Rachid. Sous le huitième imam, Ali Riza, une volteface subite sembla prête à se faire. Le khalife était Almamoun, esprit bizarre : c'était un libéral, c'est-à-dire qu'il envoyait à la potence les orthodoxes, forme de libéralisme qui n'est pas rare, — en Orient ; or, en y réfléchissant, le khalife avait conçu des doutes sur la légitimité du pouvoir des Abbassides. On eut le spectacle d'un Abbasside alide : ses scrupules n'allaient pas jusqu'à se démettre, mais il déshéritait ses fils, déclarait pour son successeur Ali Riza, le huitième imam, et remplaçait la bannière noire des Abbassides par la bannière verte des Alides (32). La famille du khalife et l'armée des fonctionnaires menacèrent de s'insurger : Almamoun rétablit l'ordre en empoisonnant son protégé. Le lieu où périt l'imam, Mechhed, est aujourd'hui encore le grand pèlerinage de la Perse. (33).

Trois imams se succédèrent encore, de

père en fils, souverains théoriques du
monde musulman, que le poison enleva
tour à tour: Mohammed, Ali et Hasan (34). Hasan, le onzième, laissait en
mourant un fils âgé de six ans, Mohammed. Le khalife le tenait prisonnier près
de lui, dans la ville de Hillah: il disparut
à l'âge de douze ans, probablement empoisonné. La ligne directe des imams était
donc brisée pour toujours: plus de Mahdi
à espérer. La conclusion, pour la logique
populaire, c'est que l'enfant n'était pas
mort, qu'il est caché et reviendra à l'heure
qu'il choisira, car il est le Maître du temps.
Les gravures persanes le représentent sous
les traits d'un enfant, le livre sacré à la
main, dans l'attitude de la méditation, assis
dans une grotte que percent des rayons
de soleil (35). Pendant longtemps il y eut
des hommes de la famille d'Ali qui chaque
matin se réveillaient avec l'espérance de
voir reparaître le douzième imam, le dernier descendant direct de Fatimah, celui
qu'on appelait *le Fatimide attendu*. « Ils
sortent de leurs bourgades à cheval et en

armes, dit un contemporain : ils vont dans cet équipage à la rencontre de leur imam ; puis, après une longue attente, ils s'en retournent, déçus dans leurs espérances, mais non découragés (36). » À Hillah, près de Bagdad, le dernier lieu qui l'eût vu, se dressait une mosquée sur la porte de laquelle était baissé un rideau de soie : c'était là qu'il résidait, dans le Saint des Saints : c'était « le sanctuaire du Maître de l'heure ». Chaque jour, après la prière de l'après-midi, cent cavaliers, sabre en main, allaient recevoir du commandant de la ville un cheval sellé et bridé qu'ils conduisaient vers le sanctuaire, au bruit des tambours et des clairons ; arrivés à la porte, ils s'écriaient : « Au nom de Dieu, ô Maître de l'heure, au nom de Dieu, sors ! car la corruption est apparue et l'injustice est grande. » Et ils continuaient de l'appeler au son des clairons jusqu'à la prière de la nuit (37).

Le Mahdi ne sortait pas. — Au xvi° siècle enfin, les Alides prirent le dessus en Perse. Un cheikh qui prétendait descendre de Mousa, le septième imam, fonda la dernière grande dynastie nationale de la Perse, la dynastie du grand Sofi. Mais les Sofis, quoique Alides de naissance, ne se regardaient que comme les lieutenants de l'imam, les administrateurs provisoires de l'Iran. Tant que l'imam est absent, il n'y a que des maîtres de fait. Aussi le Sofi s'intitulait-il, non point « le Roi des rois », mais « l'Esclave du roi du pays » et, plus humblement encore « le Chien de la porte d'Ali » : le vrai roi d'Iran, c'était le Mahdi absent (38). Dans leur palais d'Ispahan, les Sofis tenaient toujours deux chevaux magnifiquement enharnachés, prêts à le recevoir quand il lui plairait de reprendre en main le dépôt de l'autorité. L'un des deux chevaux était pour le Mahdi ; l'autre pour son lieutenant, Jésus-Christ (39).

V

LE MAHDI EN AFRIQUE

Nous sommes jusqu'ici restés en Orient et nous n'avons assisté qu'aux échecs et aux déceptions du Mahdi. Tournons-nous du côté de l'Occident : le tableau s'éclaircit et nous allons assister à ses triomphes. Deux Mahdis, l'un au xᵉ siècle en Égypte, l'autre au xɪɪᵉ siècle au Maroc, fondent des dynasties qui ont laissé leur nom dans l'histoire : la première est celle des Fatimides, une des plus glorieuses de l'Islam et qui dura trois siècles ; la seconde est celle des Almohades, les conquérants de l'Espagne.

A la suite de querelles intérieures parmi les Alides, une secte puissante s'était détachée des *Imâmiens* : c'est la secte dite des Ismaélis, d'où sortit plus tard la secte si bien con.. .r dans l'histoire de France des *Assassins* ou du *Vieux de la Montagne* (40). Un oculiste persan, nommé Abdallah, fils de Meimoun (41), ennemi juré des Arabes, s'empara de la direction de la secte, dont il fit une secte purement philosophique dans le fond, en d. . . . . . .par des interprétations allég. . . . . . . .tère du Coran. Pour agir plu. . . . . . .ent sur l'esprit du peuple, il se p. . . . . . .la race d'Ali et envoya des missio.. .. en Arabie et en Afrique prêcher la loi nouvelle et annoncer l'arrivée du Mahdi. Le Mahdi tarda, mais vint enfin : c'était son petit-fils, Obeid-Allah. Obeid-Allah avait jeté son dévolu sur l'Afrique du Nord, où les Berbères supportaient impatiemment le joug des Arabes et de l'orthodoxie et où un mis-

sionnaire de la secte, Abou-Abdallah,
avait prêché avec un rare succès par la
parole et l'épée. La Tunisie et Constantine étaient à lui. Il annonçait que le
Mahdi allait paraître et subjuguer la terre,
qu'il allait ressusciter les morts et faire lever le soleil du côté du couchant (42). Le
Mahdi, se rendant à l'appel de son apôtre,
est arrêté en Tripolitaine et jeté en prison
par le gouverneur des Aghlabites, la dynastie locale, vassale du khalifat de Bagdad;
son lieutenant n'en continue pas moins sa
marche triomphale, chasse le prince agh-
labite et, en l'absence du Mahdi empêché,
proclame Die pour ég t. Pendant plusieurs mois, les m r u lieu de porter
un nom de souv ô èrent ces mots:
« J'ai accompli le moignage de Dieu; que
les ennemis de Dieu soient dispersés! »;
il fait graver sur les armes: « Armes pour
combattre la cause de Dieu », et sur la
cuisse des chevaux: « A Dieu appartient
le royaume. » Dieu ainsi intronisé pour
l'interrègne, il marche sur la ville où est
emprisonné son représentant terrestre, le

délivre, le fait monter à cheval et, marchant devant lui avec les chefs des tribus, dit au peuple avec des larmes de joie : « Voici votre maître » ; le vendredi suivant, il fait proclamer son nom dans la prière publique, avec le titre de « Mahdi, Prince des croyants. »

Le Mahdi jusque-là n'avait été qu'un triomphateur passif : il montra brusquement qu'il savait agir. Il commença par faire assassiner Abou-Abdallah. « Arrête, mon fils ! » s'écria Abou-Abdallah en saisissant le bras du meurtrier. L'homme répondit : « Celui à qui tu nous as enjoint d'obéir nous a ordonné de te tuer. » Abou-Abdallah avait trop bien réussi dans son apostolat. Le Mahdi d'ailleurs ne fut pas ingrat : il récita lui-même la prière des morts sur le cadavre de son bienfaiteur. Quelques-uns doutaient de lui : le soleil était de l'opposition et avec un scepticisme opiniâtre continuait à se lever à l'Orient ; puis, le Mahdi avait bien montré qu'il savait tuer, mais il n'avait pas encore montré qu'il sût ramener un mort à la vie.

Un jour, un cheikh osa lui dire en face :
« Si tu es le Mahdi, fais un miracle, car
nous doutons fort que tu sois ce que tu
dis. » Le Mahdi répliqua en lui faisant
trancher la tête. Ce n'était pas un miracle ;
mais je doute qu'aucun miracle eût mieux
fermé la bouche aux incrédules !

Il fallait une capitale au Mahdi : il ne
voulait ni de Tunis ni de Kairouan, trop
arabes, et où il se sentait peu sûr. Il par-
courut la côte de Tunisie et arriva à une
péninsule ayant la forme d'une main avec
le poignet : là, après avoir cherché dans
les astres le jour et l'heure favorables, il
posa la première pierre d'une ville sur
laquelle le drapeau français flotte aujour-
d'hui ; elle porte encore le nom qu'il lui a
donné, *Mahdia*, c'est-à-dire la Ville du
Mahdi. Il l'entoura d'une forte muraille
aux portes de fer, dont chaque battant pe-
sait cent quintaux. Il fit tailler dans la
colline un arsenal qui pouvait contenir
cent galères et, la ville achevée, s'écria :
« Je suis tranquille à présent sur le sort
des Fatimides. J'ai bâti cette ville pour

qu'ils puissent s'y réfugier une courte durée de temps. »

Mahdia n'était, en effet, dans sa pensée, qu'un abri provisoire : le regard du Mahdi était dirigé vers l'Orient, vers l'Égypte. Quand les murailles de sa ville étaient arrivées à leur hauteur, il était monté au sommet et avait lancé une flèche vers l'Occident : bientôt, en effet, sa domination s'étendait jusqu'à l'Atlantique. Il fallait à présent s'établir au bord du Nil. Son troisième successeur, Moez-lidîn-Allah, envoya un esclave grec, Djauher, conquérir l'Égypte et bâtir pour lui une capitale qu'il appela la ville de la Victoire, le Caire (El-kahira). La Syrie suivit bientôt le sort de l'Égypte ; le siège même du khalifat fut un instant aux mains du descendant de l'oculiste persan, et son nom retentit dans le *Salvum fac* à Bagdad à la place de celui des Abbassides.

Les khalifes de Bagdad dirigeaient contre leurs rivaux heureux du Caire une guerre de plume et de théologie et faisaient déclarer par leurs docteurs que le prétendu

descendant d'Ali était fils d'un mage et
d'une juive; mais, le jour où les docteurs
d'Égypte, recevant Moez, lui demandèrent
de donner les preuves de sa descendance, il
les avait convaincus sans peine avec deux
arguments : il avait mis la main à la garde de
son épée, en disant : « Voici mon ancêtre »,
et leur avait jeté une poignée d'or, en
disant : « Voilà mes preuves » (43).

Cependant, à la longue, la crédulité se
lassait. Il n'avait pas été annoncé par les
prophètes que le Mahdi ferait souche de
rois terrestres : il devait venir pour annoncer Dieu. Il fallait donc que Dieu vînt :
le septième fatimide, Hakim, devint Dieu.
Ce Hakim était une sorte de fou furieux,
tour à tour musulman bigot ou athée
effréné, suivant le caprice théologique de
l'instant et selon qu'il s'attachait à la lettre
du Coran ou à l'interprétation symbolique
des initiés du dernier degré. Un sectaire
persan, nommé Darazî, vint lui prêcher
qu'il était l'incarnation divine, et Hakim
le crut sans se faire prier; et ce qui est
mieux, c'est que Hakim ne fut pas le seul

croyant de Hakim : toute une Église se
forma autour de ce dieu de chair, et, quand
il disparut subitement, trois ans après son
apothéose, probablement assassiné, ses
fidèles annoncèrent qu'il reparaîtrait dans
son humanité au jour de la résurrection
pour exercer ses jugements par le glaive.
Il doit paraître, enveloppé, comme d'un
voile, d'une multitude d'anges, parmi des
escadrons de chérubins. Son arrivée sera
annoncée par un grand tumulte dans le
pays d'Égypte, par l'apparition d'un imposteur au Caire (Arabi pacha?), par des
tremblements de terre (Espagne?), par le
triomphe des chrétiens, par la dérision où
tombera la religion :

« Lorsque vous verrez parmi vous la foi
devenir rare, s'écriait un de ses apôtres,
les hommes pieux accablés d'injures et
d'outrages; lorsque la religion sera, contre
ceux qui lui demeureront fidèles, un sujet
de raillerie dans la bouche des impurs;
qu'elle sera traitée comme une rognure
d'ongle qu'on jette loin de soi; lorsque la
terre, toute vaste qu'elle est, paraîtra trop

étroite aux disciples de la vérité, qui ne pourront y trouver un asile sûr; alors attendez-vous à entendre bientôt le cri qui sera le signal de votre perte, ô lie des nations! restes des adorateurs du veau et des idoles (44)! »

Le culte de Hakim ne survécut pas à son dieu en Égypte; mais il a subsisté jusqu'à nos jours dans les montagnes de Syrie : Darazî y a laissé des disciples qui ont pris son nom; ce sont ceux que nous appelons les Druzes et qui attendent encore le retour de Hakim, homme et Dieu.

Les Berbères de Constantine et de Tunisie avaient eu leur Mahdi avec le fondateur des Fatimides : ce fut le tour, deux siècles plus tard, des Berbères du Maroc. Un homme de la tribu de Masmouda, dans l'Atlas marocain, nommé Mohammed ibn Toumert, était revenu du pèlerinage de la Mecque et des écoles de Bagdad avec un système à moitié panthéiste, qu'il appelait le système unitaire ou, comme on disait, le système *almohade* (*almuvahhid*). Au début, ce n'était qu'un saint — c'est par là qu'ils commencent tous — d'une austérité et d'une chasteté qui persuada aisément aux Berbères qu'il était d'une autre espèce qu'eux. Il annonça bientôt l'arrivée du Mahdi, et on attendit; il finit par dire qu'il était lui-même le Mahdi; on le crut. Il fallait des miracles; il en fit. Par exemple, il faisait parler les anges du fond d'un puits et leur faisait porter contre ses adversaires des arrêts de mort, aussitôt exécutés par ses Berbères fanatisés ; puis, sans perdre de temps, il faisait combler le puits, sanctifié par la présence des esprits, pour le soustraire à toute souillure dans l'avenir — et prévenir les indiscrétions de ses anges.

Le Mahdi mourut avant de récolter le fruit de ses miracles : son disciple et successeur, Abd-al-Moumin, en profita, lança le torrent berbère sur le Maroc, qu'il inonda, et du Maroc sur l'Espagne, qu'il conquit : de là la dynastie des Almohades, qui fit régner en Espagne pendant tout le XIIe siècle une orthodoxie farouche que la domination arabe n'avait pas connue. Averroès dut s'exiler. « Dans notre pays, dit avec orgueil un docteur du temps, on ne tolère point la moindre hérésie : point d'église, point de synagogue (45). »

Les Almohades succombèrent à leur tour ; mais la fièvre du Mahdi continua à agiter les Berbères. Durant tout le XIIIe siècle, ce fut une épidémie. On le cherchait aux extrêmes confins du monde habité. Il y avait à Massa, sur la côte du Maroc qui

4

regarde l'Atlantique, un couvent célèbre,
une *ribat* : non loin de là vivait la peuplade
des Guedala, dont les hommes se cou-
vraient la figure d'un voile qui ne laisse
paraître que les yeux, le *litham*, que portent
encore aujourd'hui les Touaregs. L'idée
se forma que c'était là et de ce peuple voilé
que devait sortir l'imam caché, le Mahdi
toujours attendu, et que dans ce couvent
se ferait l'inauguration (46). Plus d'un
prétendant se rendit à la *ribat* pour en
sortir Mahdi et périr aussitôt (47). On dit
qu'il y en a encore un qui attend là à
l'heure présente (48).

VI

LE MAHDI EN TURQUIE

Après les Persans et les Berbères, les
Turcs. Ceux-là n'étaient point Alides :
héritiers des califes de Bagdad, ils étaient
et sont encore orthodoxes farouches. Vous
connaissez la haine atroce qui divise les
Persans chiites et les Turcs sonnites. Ils
croient bien, eux aussi, que le Mahdi doit
venir, vers la fin des temps, appeler tous
les peuples à la connaissance de l'Islam, .
assisté de trois cent soixante esprits célestes,
« les hommes de Dieu », les *Ridjal-Allah*;
mais ils prennent leurs précautions contre
lui : ils savent bien qu'ils ne sont pas, eux,
du sang de Mahomet, qu'ils sont des intrus
dans le khalifat, qu'ils y sont campés par
le seul droit de la force. Aussi cherchent-

ils à isoler le Mahdi du monde et à trancher tout lien entre lui et l'humanité : le trente-quatrième article de foi du code religieux adopté par la Turquie porte que « l'imam doit être visible, qu'il ne doit pas se dérober aux regards du public ni être non plus l'objet de son attente (49). » Donc en Turquie il n'y a point de place pour un imam caché, pour un Hakim disparu, pour un « Fatimide attendu ». Ils ont fait encore déclarer tout récemment, nous le verrons tout à l'heure, que le Mahdi ne peut paraître que dans une période d'interrègne, quand le khalife est mort sans successeur reconnu, théorie toute conservatrice et fort rassurante pour un sultan sur le trône. Mais quand un peuple veut son Messie, tous les sermons des théologiens ne l'empêcheront pas de s'en faire un (50).

Le plus célèbre des Mahdis turcs est celui qui parut en 1666, sous Mohammed IV, le sultan qui faillit prendre Vienne. Il y eut cette année-là une véritable éruption messianique. Elle commença par les juifs. La Cabale annonçait l'arrivée du Messie pour cette année : il parut à l'heure fixée ; c'était un jeune homme de Smyrne, d'une beauté étrange, d'une éloquence entraînante, avec toutes les allures d'un inspiré. Il se nommait Sabtai Zévi. Tous les rabbins de Turquie le reconnurent ; des prosélytes lui vinrent d'Allemagne, d'Amsterdam, de Londres ; le royaume d'Israël allait se rétablir, le règne de Dieu allait s'ouvrir, la Jérusalem céleste allait descendre. Le monde musulman s'en émut : l'arrivée du Mahdi doit en effet être précédée et annoncée par celle de l'Antéchrist, du prophète imposteur, de Deddjâl : or les théologiens de l'Islam ont assimilé le Messie juif avec Deddjâl : puisque le Messie juif venait, le Mahdi allait donc paraître. Une éclipse de lune qui arrêta les troupes prêtes à s'embarquer pour la Crète prouva que les temps étaient venus. On apprit tout à coup que le Mahdi avait paru : c'était le fils d'un cheikh du Kurdistan qui s'était mis à la tête de quelques milliers de Kurdes. Mais il fut pris et envoyé au sultan.

4.

Le sultan était à la chasse quand le Mahdi lui fut présenté : il l'interrogea, et le précurseur, renonçant à son rôle, répondit avec tant de bonne grâce que le sultan, charmé, se l'attacha pour page. Quelque temps auparavant, Sabtai, dénoncé comme imposteur par un rabbin dont il avait refusé les services comme vicaire du Messie, avait aussi comparu devant le sultan et, au grand scandale des siens, avait dû, pour lui répondre, faire appel aux bons offices d'un interprète : l'émotion lui avait fait perdre le don des langues. Ce fut bien pis quand le sultan le fit attacher nu à la cible et offrit de se convertir si les flèches s'émoussaient sur son corps : Sabtai déclina l'épreuve, coiffa le turban, obtint une place de porte-clefs au harem, et le sultan eut le plaisir d'avoir sous la main l'Antéchrist pour concierge et le Mahdi pour valet de chambre — ce qui ne l'empêcha pas, quelques années plus tard, d'être étranglé par ses janissaires, suivant la coutume ottomane (51).

VII

LE MAHDI EN ÉGYPTE

Je passe par-dessus le XVIIIe siècle, qui semble avoir été peu fertile en Mahdis. Le Mahdi sommeille en Orient, comme le Christ en Occident ; il se réveille en Égypte, devant la conquête française, en floréal an VII (mai 1799). Il est douteux que ce Mahdi se rattache au vieux mouvement alide de l'Égypte fatimide, car il était appuyé par la Turquie, qui le fournissait de fonds anglais. Ce Mahdi, dont on ne connaît pas le vrai nom et dont la biographie devrait bien tenter quelqu'un de nos historiens de la jeune école, semble avoir été un des imposteurs les plus décidés de son espèce. Il venait de la Tripolitaine ; il y était descendu du ciel, mais dans le désert, ce qui faisait que le miracle avait eu peu de témoins. Il prodiguait l'or en espèces sonnantes : cet or lui était également tombé du ciel, marqué au coin du Sultan. Son corps, quoique visible, était immatériel. Tous les jours, devant le peuple, à l'heure de la prière du soir, il trempait ses doigts dans une jatte de lait et se les passait sur les lèvres ; c'était toute sa nourriture. Il surprend et massacre à Damanhour soixante hommes de la légion nautique : en jetant un peu de poussière contre nos canons, il empêchait la poudre de prendre et faisait tomber devant les vrais croyants les balles de nos fusils. Mais le chef de brigade Lefebvre marche contre lui avec quatre cents hommes ; « assailli d'une nuée d'Arabes, écrit Bonaparte dans un rapport au Directoire, il se range en bataillon carré et tue toute la journée ces insensés qui se précipitent sur nos canons, ne pouvant revenir de leurs prestiges. Ce n'est que la nuit que ces fanatiques, comptant leurs morts (il y en avait plus de mille) et leurs blessés, comprennent que

Dieu ne fait plus de miracles (52) ». A ses partisans scandalisés qui lui montrent leurs morts et leurs blessés, le Mahdi répond qu'il n'y a d'invulnérables que ceux qui ont une foi entière. Il paraît que lui-même n'était point de ceux-là, car une balle qui l'étend mort dans une rencontre vint à son tour le convaincre d'incrédulité. Mais ses partisans , plus croyants, en conclurent qu'il avait trouvé plus habile de combattre du haut du ciel d'où il venait, et l'attendirent : il ne revint pas ; mais les Français partirent, ce qui au fond revenait au même et donnait raison au Mahdi.

VIII

LE MAHDI AU SOUDAN

Nous voici arrivés au Mahdi du Soudan. Le moment n'est pas encore venu de faire son histoire : c'est à lui d'abord à la faire et à l'achever. Sur l'homme même, les seuls documents authentiques que l'on possède sont au nombre de deux. L'un est une lettre d'un Français né au Soudan et qui l'a vu à Khartoum, M. Mousa Peney, fils du docteur Peney, l'un des plus vaillants explorateurs du Soudan, le premier Européen qui soit allé à Gondokoro : je ne reprocherai à ce document que de pécher parfois par trop de précision (53). L'autre, qui nous fait entrer dans l'âme même des héros du drame, est une consultation des oulémas de la Mosquée El Azhar au

Caire, dont un de nos plus habiles orien-
talistes, M. Clermont-Ganneau, a bien
voulu me communiquer la traduction faite
par lui. Voici ce qui ressort de ces deux
documents.

Le Mahdi se nomme Mohammed Ah-
med ; il est né à Dongola, vers l'an 1260
de l'hégire, 1843 de notre ère ; son père se
nommait Abdallahi et sa mère Amina (54).
Ces détails, insignifiants pour nous,
ont une valeur capitale pour des musulmans : en effet, une tradition des plus
anciennes, attribuée à Mahomet, déclare
que le Mahdi aura le même nom que le
Prophète et que le père du Mahdi aura le
même nom que le père du Prophète (55) :
or, le Prophète s'appelait Mohammed
Ahmed ; son père s'appelait Abdallah, et, il
y a plus, sa mère s'appelait Amina. Quarante ans est l'âge de la prophétie chez les
musulmans, parce que c'est l'âge où Mahomet s'est révélé. Son nom et celui de ses
parents semblent indiquer qu'il était né dans
un milieu fervent et prédisposé au prophé-
tisme : il y a de l'hérédité dans son génie.
Aussi, dès son enfance, Mohammed révéla
une vocation décidée : à douze ans, il sa-

5

vait par cœur tout le Coran. Son père étant
mort, ses deux frères, plus âgés que lui et
constructeurs de barques sur le Nil Blanc,
voyant dans leur jeune frère l'étoffe d'un
grand docteur, subvinrent à ses besoins et
lui donnèrent les moyens d'aller étudier
sous deux professeurs en renom des environs de Khartoum, Abdel Dagim et El Gou-
rachi. A vingt-cinq ans, ses études ache-
vées, et sa mère étant morte, il se rendit
dans l'île d'Aba, dans le voisinage de laquelle travaillaient ses frères, petite île naguère inconnue, aujourd'hui historique en
Europe et sacrée en Afrique ; il y vécut
quinze ans, dans la retraite, les quinze
années que Mahomet avait passées à médi-
ter sa mission près du mont Harra. Sa
carrière, comme vous le voyez, était tracée
d'avance dans celle du prophète. Strauss
prétend que la figure de Jésus est une pro-
jection lancée par l'imagination populaire
du fond des vieilles prophéties d'Israël :
la vie du Mahdi, c'est la théorie de Strauss
en action ; le Mahdi est le reflet vivant de
Mahomet. Il habitait un trou sous terre,

pleurant continuellement sur la corruption
des hommes, amaigri par les austérités et
les jeûnes. La tribu voisine des Beggaras,
la plus puissante de cette région du Nil, le
vénérait comme un saint et sentait que le
souffle de Dieu était sur lui. Aussi, quand
l'année prophétique sonna, la quarantième
année, et qu'il se releva Mahdi, les Beggaras passèrent sans peine de la vénération à
l'adoration : il était prophète en son pays.

D'ailleurs l'année fatale n'approchait-
elle pas, l'année 1300 de l'hégire, qu'une
tradition moderne assigne pour le triomphe
définitif de l'Islam ? Mohammed envoie
partout des missionnaires aux cheikhs des
tribus, annonçant qu'il est le Mahdi
attendu, que Mahomet est venu le lui
annoncer de la part d'Allah, que la domination turque va finir, que le Soudan va
se soulever de tous côtés, et, quant à lui,
qu'après avoir passé au Soudan le temps
voulu, il ira à la Mecque se faire reconnaître par le grand chérif. Il y avait déjà
un an que duraient ces prédications sans
que l'on en sût rien à Khartoum, à trois

journées en aval de l'île sainte. Le gouverneur général Raouf Pacha, enfin informé, envoie deux cents hommes à Aba pour s'emparer du Mahdi : assaillis par la pluie, enfonçant dans la boue, dans l'obscurité de la forêt, ils arrivèrent, dit-on, à minuit devant la cabane du prophète, autour de laquelle tournoyait une bande de derviches, répétant le nom sacré d'Allah. L'adjudant-major fait feu et tue un derviche : aussitôt les derviches se ruent sur les soldats avec des hurluments horribles, répétés par des milliers d'Arabes qui fondent de la forêt. En quelques instants toute la troupe est mise en pièces, avec ses chefs. C'était la première étincelle du grand incendie qui à présent dévore tout le bassin du Nil : c'était en août 1881.

Le Mahdi, retiré avec ses derviches sur le mont Gadir, repousse de nouveaux assauts. Le Soudan commence à s'agiter. Le gouverneur intérimaire, le Bavarois Giegler Pacha, concentre à Khartoum les garnisons du Sennaar, du Fachoda, du

Kordofan, pour les diriger contre le Mahdi,
ne se doutant pas que les provinces dégar-
nies se révolteront sur-le-champ. 7,000
hommes, envoyés au mont Gadir, sont at-
taqués par 50,000 insurgés, commandés
par les deux frères du Mahdi, Mohammed
et Hamed ; les deux frères périrent, mais de
l'armée égyptienne il n'échappa que cent
vingt hommes. Pendant ce temps le Sennaar s'insurge, El-Obeid tombe dans les
mains du Mahdi, qui en fait sa capitale le
17 janvier 1883 ; le 5 novembre de la
même année, l'armée de délivrance de
Hicks Pacha est anéantie ou passe dans
son camp : vous savez ce qui a suivi.

IX

On a cherché bien des explications aux
succès du Mahdi. Les uns en font un
homme de génie : peut-être l'est-il ; mais
cela ne suffit pas. Il semble bien en effet
que l'homme n'est pas ordinaire. Il faut
tout d'abord une conviction profonde et
sincère pour agir sur les masses, comme il
l'a fait, d'autant plus qu'il ne procède pas
par le prestige du mystère et se montre tout
à tous : quand son quartier général était à
El-Obeïd, raconte l'irlandais O'Kelly (56),
il se rendait à la mosquée au milieu de la
foule, sandales aux pieds, portant pour
tout costume une chemise et un caleçon
de grosse toile. Sa stratégie est élémen-
taire, mais c'est celle que le pays impose :

point d'assauts sur les villes fortes, faire
le vide autour d'elles jusqu'à ce que la
famine les ouvre : point de grandes ba-
tailles, harceler l'ennemi sans relâche,
l'envelopper de loin, puis, quand il est
épuisé, fondre sur lui de toutes ses forces
ramassées pour l'achever. Qu'il suive les
conseils d'aventuriers européens ou ses
propres inspirations, le succès l'a justifié
jusqu'ici. Deux autres faits qui semblent
indiquer une certaine honnêteté et une humanité relative : il fait peu de miracles (57)
et fait des prisonniers (58). Enfin un télé-
gramme que vous avez pu lire dans les journaux des derniers jours révèle en lui le type
achevé du politique musulman. Les messa-
gers qu'il envoie aux tribus neutres ou
hostiles, pour les sommer de se joindre à
lui sous peine d'extermination, sont accom-
pagnés d'oulémas, chargés d'abord de les
convaincre de la mission du Mahdi et du
devoir suprême qui leur incombe de se
joindre à lui. Croyez bien que plus d'un,
insensible ou rebelle aux menaces, sortira
de la conférence théologique prêt à mourir

de la mort du martyr. Les jalousies de tribus qui balancent dans leur cœur la haine des chrétiens pèseront bien peu quand dans l'autre plateau ils verront l'autorité du Coran s'ajouter au poids de l'épée victorieuse (59).

D'autres ont voulu faire de lui un instrument dans la main des grands marchands d'esclaves du haut Nil, menacés dans leur hideux commerce par la civilisation européenne et qui l'auraient dressé pour son rôle. C'est trop raffiner en politique : le Mahdi peut avoir pour lui des marchands d'esclaves, mais il a aussi pour lui les esclaves. Le soulèvement du Mahdi, c'est la réaction naturelle et légitime du Soudan, esclavagiste ou non esclavagiste, écrasé depuis un demi-siècle par la pire des oppressions, celle qui se présente avec les hypocrisies de la civilisation. La civilisation apportée dans un pays à demi sauvage est déjà une chose équivoque et à faire frémir, même dans des mains européennes : imaginez ce que c'est, apportée par des pachas égyptiens, des Arabes ou

des Turcs frottés de bureaucrate. La conquête égyptienne du Soudan était sans
doute, pour l'Occident, pour la science,
pour le commerce de nous autres, gens
d'Europe, un bienfait ; pour les popula-
tions du Soudan, c'était l'enfer. La conquête égyptienne, c'était le monopole de
l'esclavage au profit des gens du khédive.
Le noble et héroïque Gordon, nommé
gouverneur du Soudan, vit de près la civilisation égyptienne à l'œuvre et deux fois
lâcha la place de dégoût et d'horreur. Aussi
le mot du Mahdi n'est point : *Guerre aux
chrétiens !* mais : *Guerre aux Turcs !* c'est-
à-dire, guerre aux faux musulmans du
Caire ! On dit Turc au Soudan par ha-
bitude, parce qu'on n'est pas au courant,
dans l'île d'Aba, des changements de l'ono-
mastique politique et qu'on n'y sait pas
encore que ce n'est plus le Turc de Constantinople qui règne en Égypte.

Quoi qu'il en soit, le Turc, qui se croit
encore suzerain, prit peur. Le Soudan,
d'ailleurs, n'est pas le seul pays où un
Mahdi soit à craindre : de l'autre côté de

la mer Rouge il y a un autre volcan,
l'Arabie. Les Arabes d'Arabie, il est vrai,
étaient jusqu'ici assez froids pour lui : cela
se conçoit ; s'il y a un lieu qui doive prétendre à l'honneur de donner le Mahdi au
monde, c'est bien la Mecque, et aucun des
chérifs, fils de Fatimah, n'est trop fâché
de se dire : « Eh ! qui sait ? c'est peut-être
moi ! » Au pèlerinage de 1882, on attendait
un Mahdi à la Mecque : la police turque,
avertie, fit savoir aux notables qu'il pourrait leur en arriver des désagréments, et
le Messie se le tint pour dit. Un fait
curieux vient de prouver naguère à quel
point l'atmosphère de l'Arabie, sans dis-
tinction de religion ni de race, est impré-
gnée tout entière des vapeurs messianiques.
Une centaine de familles juives du Yémen,
traversant toute l'étendue de l'immense
péninsule, arrivaient il y a quelques mois
à Jérusalem sur le bruit que le Messie
venait d'apparaître ! En fait de Messie, elles
n'ont naturellement trouvé à Sion que le
Turc, la misère et la fièvre. Elles logent
dans des cavernes au pied de la montagne

sainte et dressent leurs tentes dans la boue au pied des oliviers. Les consuls d'Europe se sont entremis pour eux et leur ont fait bâtir quelques maisons sur le mont du Scandale (60). Si vous vous rappelez qu'en théologie musulmane un Messie annonce un Mahdi, cet exode juif est plein de révélations sur ce qui fermente de rêves dans l'Arabie du jour. Aussi le Mahdi, qui sait toutes ces choses, tient-il à rendre visite aux gens de la Mecque et, voilà pourquoi, comme dernier acte du programme, il a annoncé qu'il irait se faire reconnaître par le grand chérif. Voilà pourquoi Osman Digna (61) tient tant à Souakin : par malheur, la flotte anglaise barre trop bien le chemin de la ville sainte. C'est la mer qui cette fois jette à l'homme le *Non amplius ibis*.

Un autre Mahdi qui, jusqu'aux dernières victoires de Mohammed, était sérieux, mais dont les actions ont dû baisser depuis, c'est celui des Senoussi. Vous connaissez cette secte fondée, il y a quarante ans à peine, par un Algérien de Mostaganem qui, à présent, domine la Tripolitaine et le Soudan tripolitain et étend ses ramifications de l'Atlantique à Bagdad (62). Or Senoussi, en homme prévoyant, avait épousé une chérifa, c'est-à-dire une femme de la race d'Ali, et il avait donné à son fils le nom d'El-Mahdi. Tous les Senoussi ont les yeux fixés sur celui-ci : il vient d'avoir quarante ans, l'âge prophétique. On raconte parmi les Arabes que le sultan, un peu inquiet, lui aurait écrit : « On parle beaucoup de toi. Qui es-tu ? Si tu es le Mahdi, fais-nous-le savoir, pour que, au nom de Dieu, nous te facilitions la mission divine qui t'a été confiée. » Le Mahdi, très prudent, aurait répondu : « Je suis bien votre serviteur, mais je ne sais ce que vous voulez dire. » En attendant, le Mahdi de Tripolitaine et celui du Soudan se regardaient comme des chiens de faïence : au commencement de l'an dernier, le Mahdi de Djahrboub dénonçait celui du Soudan à l'indignation des fidèles comme imposteur et menteur.

Le vrai Mahdi, pendant ce temps, se révélait comme un Mahdi doit le faire, par la victoire. Le sultan, inquiet, essaya de ces armes théologiques qui, il y a neuf siècles, avaient si mal réussi à ses prédécesseurs de Bagdad contre le Mahdi fatimide. Il consulta les oulémas d'El-Azhar, la plus grande université du monde musulman, sur la valeur des prétentions de « cet individu qui s'est révolté contre l'autorité du khalife de Dieu sur la terre, lequel a seul pouvoir de lier et de délier ». La demande de consultation donne le résumé d'une lettre-missive envoyée par le Mahdi aux tribus de Souakin et dont les combats du général Graham et d'Osman Digna sont le commentaire. Après les bénédictions usuelles sur le nom d'Allah, sur Mahomet et sa famille, après maintes citations du Coran et des traditions, ordonnant la guerre sainte et défendant de faire amitié avec les ennemis du Très-Haut, il revendique pour lui-même le khalifat suprême au nom d'une révélation du Prophète. Mahomet est venu lui annoncer qu'il était le Mahdi attendu ; il l'a fait asseoir sur son trône en présence des khalifes, des chefs spirituels et de Khidr (celui que les juifs et les chrétiens appellent le prophète Élie). Dieu lui a promis alors l'assistance des anges qui l'entourent, celle des Djinns fidèles, celle de tous les prophètes et de tous les saints, depuis Adam jusqu'à nos jours. A l'heure du combat, le Seigneur apparaîtra en personne avec eux à la tête de son armée ; le Seigneur lui a remis le glaive de la victoire avec la promesse formelle que nul ne pourra le vaincre, quand même les Djinns s'uniraient aux hommes contre lui. Dieu lui a donné encore deux signes de sa mission : l'un est un grain de beauté sur la joue droite (63), l'autre est l'apparition d'un *étendard de lumière*, porté à l'heure du combat par l'ange Azrael (64). Le Prophète lui dit encore : « Tu es créé de la lumière de mon cœur » (65). Quiconque croira en lui sera bienheureux et aura auprès de Dieu une place comme celle d'Abd-el-Kader Ghilani (66) ; quiconque le combattra sera

infidèle, réprouvé dans ce monde et dans
l'autre, et verra sa fortune et ses enfants
en proie aux musulmans. Le Prophète
finit en proclamant la déchéance des
Turcs, infidèles et pires que des infidèles, parce qu'ils essayent d'éteindre la
lumière du Dieu très haut.

Les oulémas donnèrent la réponse qu'il
fallait et pulvérisèrent à grand renfort de
citations et d'arguments les prétentions du
Mahdi, mais, chose remarquable, sans
songer un instant à nier les faits mêmes
qu'il met en avant. Ils acceptent toutes ses
affirmations et ne contestent que les con-
clusions, voie assez dangereuse, nous
pouvons ici le dire entre nous. Il faut dire
à leur honneur que l'autorité du grain de
beauté ne leur en impose pas beaucoup :
ils observent avec une réelle profondeur
qu'il y a beaucoup de gens qui portent
modestement cet ornement sur la joue,
sans prétendre pour cela à une mission
d'en haut. L'étendard de lumière porté
par Azrael les embarrasse davantage. Vous
me demanderez ce que c'est que cet

étendard de lumière : je n'en sais rien ;
mais les oulémas le savent certainement
et se contentent d'observer que l'homme
par l'intermédiaire de qui s'opère un pro-
dige n'est pas nécessairement un prophète
et qu'un miracle peut très bien se faire par
l'intermédiaire d'un impie : à preuve, ap-
paremment, les miracles journaliers des in-
· fidèles, railways, télégraphe, dynamite, etc.
Ils argumentent longtemps pour savoir
si Mahomet lui a apparu à l'état de veille
ou en songe, mais concluent qu'en aucun
cas il n'a pu lui apporter une révélation con-
traire à la loi même de Mahomet : or,
d'une part, le vrai Mahdi, d'après la tradition orthodoxe, doit apparaître à une
époque de trouble, à la mort d'un khalife
et quand les hommes ne sauront qui mettre
à sa place, ce qui n'est point le cas à présent ; d'autre part, il ne doit pas paraître
au Soudan, mais en Arabie ; il ne doit pas
se proclamer lui-même Mahdi, mais être
proclamé Mahdi malgré lui : car, suivant
les traditions les plus authentiques, le Mahdi
doit être un homme de Médine, qui, re-

faisant en sens inverse l'*hégire* de Mahomet,
s'enfuira à la Mecque et sera proclamé
contre son gré entre la pierre noire de la
Caaba et la Station d'Abraham (67). Cette
tradition, rassurante pour les puissances
établies, réfute, selon les oulémas, les prétentions du faux prophète « avec une clarté
comparable à celle des étoiles ». L'accusa-
tion terrible d'infidélité, lancée contre ceux
qui nieront le Mahdi, doit donc se re-
tourner contre lui, contre celui qui dé-
nonce et massacre des fidèles, oubliant que
c'est un péché moins grave de laisser en
vie mille infidèles que de tuer un seul
croyant, « audace inouïe et révoltante, qui
excite la colère de Dieu et de son prophète
et réalise les espérances de Satan. » C'est
au faux Mahdi et aux siens que s'appliquent
les paroles du Prophète sur les hérétiques :
« Ce sont les pires de mon peuple qui tuent
les meilleurs de mon peuple. » Aussi quiconque s'associera à lui en acte ou en parole
lui sera associé dans le jugement final. Le
Prophète a dit : « La discorde dort ; que
Dieu maudisse celui qui la réveillera ! »

Un mois après cette consultation, l'armée de Hicks Pacha était exterminée. Beaucoup de ceux qui l'avaient signée durent commencer à éprouver quelque doute sur la valeur de leurs arguments. Les derniers événements, la prise de Khartoum, la mort de Gordon ont dû encore effacer bien des doutes et ébranler bien des résistances ; la mort de Gordon plus encore que la prise de Khartoum ; car c'est un événement qui avait sa place marquée d'avance dans le programme messianique. Il semble bien, en effet, que Gordon a joué et joue encore dans l'imagination des hommes du Mahdi un rôle qui n'est point celui d'un homme. Gordon n'est pour nous qu'un héros, le dernier héros du christianisme puritain, un homme de Milton égaré dans les tripotages du XIXe siècle : pour les Arabes, Gordon est le christianisme même, c'est l'incarnation la plus auguste du Mal et de l'Erreur, qu'ils contemplent avec un mélange de terreur, de respect et de haine. Les journaux anglais publiaient naguère une missive de l'émir de Berber annonçant

la prise de Khartoum et la mort de Gordon :
« Nous avons tué Gordon le traître », dit
la traduction (68). On est un peu étonné
de cette épithète de traître appliquée à
Gordon, même sous la plume d'un Arabe.
Il est à regretter que les journaux anglais
n'aient point donné le mot arabe ainsi
traduit ; il se pourrait bien que le texte
portât : « Gordon, l'imposteur », c'est-à-
dire le *Deddjâl*, l'Antéchrist. Or, la mort
de Deddjâl, le meurtre de l'Antéchrist,
doit être la grande œuvre du Mahdi et le
commencement du grand triomphe (69).
Il y a un autre rôle qu'il aurait pu jouer
s'il lui avait plu de passer à l'islamisme,
comme le Mahdi semble lui en avoir fait
l'offre : c'était le rôle de Jésus-Christ. Vous
vous rappelez, en effet, que, théorique-
ment du moins, il n'y a point de Mahdi
sans Jésus à ses côtés. Le rôle reste à
prendre : il y aurait peut-être là de quoi
tenter l'ambition de M. Olivier Pain.

Ce ne sont pas les victoires intermit-
tentes et chèrement payées de l'Angleterre
qui écraseront le mouvement. Ce n'est pas

avec une bataille qu'on écrase une révolution ; or l'Islam en est à son 93 — un 89
y est impossible. Ne vous y trompez pas :
malgré les différences extérieures infinies
des deux mouvements, c'est le même esprit
qui agite et qui pousse les hommes de la
Révolution et les hommes du Mahdi.
L'œuvre du Mahdi, pour les milliers
d'humbles qui se font tuer à sa voix, et probablement pour lui-même, c'est l'avène-
ment de la justice. Rappelez-vous la défi-
nition du Mahdi par le Prophète : « Un
homme qui remplira la terre de justice,
autant qu'elle est remplie à présent d'iniquité. » L'idée révolutionnaire chez nous,
l'idée messianique chez les musulmans,
c'est le même instinct, la même aspiration,
chez nous sous forme laïque, là-bas sous
forme religieuse, chez nous desséchée en
formules abstraites et en raisonnements
théoriques, là-bas à l'état natif et éclatante
de visions surnaturelles. Des deux parts,
le même élan vers l'idéal, avec des chutes
sanglantes dans la convoitise et la haine ;
des deux parts, la même ignorance de la

réalité, les mêmes espérances contre
nature, le même rêve d'un monde re-
nouvelé par miracle sans que l'humanité le
soit d'abord, les mêmes prodiges d'en-
thousiasme, de férocité, de dévouement ;
des deux parts le royaume de l'équité, de
la paix, de la fraternité sans fin inauguré
sous les auspices de l'ange exterminateur.
Le chancelier du Mahdi, si chancelier il
y a, ne doit pas se sentir dépaysé au milieu des clubs du désert. Là où le prolé-
taire français chante :

> Voici la fin de vos misères,
> Mangeurs de pain noir, buveurs d'eau !

l'Arabe, opprimé, crie vers le ciel : *Mata
yathar el Mahdi ?* Quand apparaîtra le
Mahdi ? Un peuple pénétré de ce sentiment, on peut l'exterminer, on ne peut
le soumettre à son sort.

X

Comment tout cela finira-t-il? Le sujet
invite tout naturellement aux prophéties.
Vous me permettrez cependant de ne point
trancher du Mahdi ou du moins de ne
faire de prédictions qu'à longue échéance,
ainsi que le conseille la prudence humaine.
Le Mahdi lui-même, si l'on en croit Mahomet, a encore trois ou quatre ans à
durer; car le Prophète a annoncé que la
mission terrestre du Mahdi doit durer sept
ans (70). Il se pourrait bien que trois ans,
en effet, suffisent à l'user : un Mahdi ne
peut se soutenir qu'à force de victoires et
de marches en avant : qu'il recule ou s'arrête, et le Soudan dira : « Ce n'était pas le
vrai Mahdi; c'est un des faux Mahdis qui

doivent annoncer le vrai : attendons. » En attendant, une chose que vous pouvez, je crois, affirmer en toute sécurité, c'est que, quel que soit le résultat de l'expédition anglaise, une nation européenne, quelle qu'elle soit, sera toujours impuissante à établir dans le Soudan un ordre durable : cela, par fatalité naturelle, par ordre d'en haut : le soleil sur leur tête, le sable du désert sous leurs pieds opposent un double véto, qu'aucun ordre du jour de Parlement ne peut lever (71).

Depuis les commencements de l'histoire, il n'y a eu dans ces régions quelque chose comme un ordre régulier qu'à deux reprises : il y a trois mille ans, sous les Pharaons de la XVIIIe dynastie, et, de nos jours, sous les Khédives. L'ordre, entendu à la façon des Khédives, a amené ce que vous savez. L'Angleterre ne pourrait le rétablir qu'avec les forces de l'Égypte; mais, en réduisant l'Égypte en vasselage, en faisant du Khédive un fantôme, en s'attirant par une série de mesures inutiles et gratuites l'hostilité invincible de tout ce

qui compte en Égypte, elle a brisé elle-
même dans ses mains le seul instrument
qu'elle pût employer là-bas. Et, songeons-
y bien, dans ces fautes et ces malheurs
de l'Angleterre il y a pour nous, les maîtres de l'Algérie, qui rêvons de frayer la
voie d'Alger à Tombouctou, il y a un
avertissement redoutable et qu'il faut mé-
diter. Ne l'oublions pas dans nos rap-
ports avec les Arabes d'Algérie, avec les
Touaregs du désert, car ce sont ceux-là
qui nous ouvriront le Soudan algérien.
Que nos colons, parfois si durs et si mé-
prisants pour l'indigène, le comprennent enfin, s'il veulent que leurs enfants
fassent une réalité de cet empire français
d'Afrique que rêve la fin de notre siècle.
L'Angleterre a dit : *l'Afrique aux Africains !* C'était un leurre dont elle est la
première victime. Le seul programme
pratique, le seul loyal, le seul utile à la
civilisation, c'est celui qui associera l'indigène à notre œuvre et prendra pour mot
d'ordre : *l'Afrique par les Africains !* L'Angleterre ne l'a pas compris et elle expie.

6

Aussi son admirable petite armée pourra
bien, à force de sacrifices et de sang, re-
faire flotter pendant un jour sur les murs
de Khartoum le drapeau de l'Europe et
remporter dans le désert quelque victoire
à la française, brillante et stérile : ces im-
provisations de la victoire seront balayées
en une nuit par le sable du désert.

De là les sympathies réelles, plus nombreuses qu'on n'imagine et que les journaux ne l'avouent, que le Mahdi inspire
en Angleterre, même après la mort de
Gordon, surtout depuis la mort de Gordon. L'Angleterre a en politique une
grande vertu, la plus grande peut-être des
vertus politiques : le respect de la force
— je le dis presque sans épigramme —
sous quelque forme qu'elle se manifeste,
si elle se manifeste clairement. Si par hasard Mohammed Ahmed était un politique,
s'il y avait en lui l'étoffe d'un Fatimide ou
d'un Almohade, s'il consentait à rester sur
terre, et terre à terre, s'il se résignait à
fonder quelque immense empire du Soudan, oh ! en ce cas-là, un beau jour l'Eu-

rope pourrait bien apprendre à son réveil
que l'Angleterre vient d'envoyer un résident à la cour de Khartoum ou d'El-
Obeid, avec traité de commerce en règle.
Par malheur, il semble bien que le Mahdi
n'est pas un politique au sens européen
du mot; c'est quelque chose de plus ou
de moins; c'est un fanatique honnête; le
royaume du monde n'est pour lui qu'un
marche-pied pour le royaume du ciel, et,
voyez-vous, dans le royaume du ciel tel
que le conçoit un Arabe, il n'y a pas de
place pour un résident anglais, fût-il mis-
sionnaire ou méthodiste.

Il faut pourtant que le Soudan reste
ouvert. S'il se referme, ce sera devant
l'histoire la honte de notre temps. Il est
impossible que l'Europe perde le fruit de
l'héroïsme et du génie d'une incompara-
ble armée de voyageurs, anglais, français,
italiens, allemands. Ce serait en un jour
un recul d'un demi-siècle. Eh bien! si la
civilisation européenne ne peut plus remonter le cours du Nil, elle n'a qu'à s'ins-
taller aux sources mêmes et à le descendre;

élle le peut. En effet, aux portes mêmes
du Soudan sommeille depuis des siècles
une puissance à demi européenne, qui
n'est encore entrée en scène que par instants et pour infliger aux convoitises égyp-
tiennes quelques courtes et sanglantes
leçons et qui sera un jour le *Deus ex ma-
china* : c'est l'Abyssinie. Aux sources du
Nil Bleu, retranchée dans un chaos de
montagnes inexpugnables, s'agite une nation ardente, très ancienne et très jeune,
qui a derrière elle de lointains souvenirs
de puissance et de gloire et qui commence
à rêver un avenir qui soit à la hauteur de
son passé, imaginaire ou réel. Ce peuple
est chrétien ; il se croit descendu du roi
Salomon et de la reine de Saba ; il a reçu,
il y a plus de treize siècles, de la main des
Grecs le christianisme et les germes d'une
civilisation semblable à la nôtre, qui ne demande qu'à se développer, si l'Europe
et en particulier si la France l'y aide. Un
de nos plus brillants publicistes, M. Gabriel Charmes, signalait naguère l'intérêt
capital qu'il y aurait pour nous à mériter

l'amitié de ce peuple qui nous recherche, sentinelle perdue de l'Occident que l'Europe a depuis des siècles oublié de relever. Un jour, si nous le voulons, si nous aidons ce peuple enfant à grandir, le massif abyssinien sera la forteresse d'où la civilisation européenne dominera le Soudan. Il ne s'agit point là d'aventures ni d'annexion ; il ne s'agit point de conduire du jour au lendemain une armée abyssinienne à la conquête de Khartoum : il s'agit d'une action lente à exercer, d'une action désintéressée et qui ne peut éveiller aucune jalousie, car tous les peuples de l'Europe peuvent y concourir en proportion de la confiance que chacun saura inspirer. La nation européenne qui fera le plus pour l'éducation de ce peuple, qui saura respecter sa faiblesse et ne point l'exploiter, développer sa force et ne point s'en faire un instrument d'ambition trop personnelle, fera de ces arriérés du progrès son avant-garde contre la barbarie. Notre civilisation, ainsi installée aux sources du Nil Bleu, descendra lentement la vallée, et

6.

qui sait ? dans ces mains jeunes et vail-
lantes elle trouvera peut-être, quand il le
faudra, une ressource suprême contre les
périls et les retours de barbarie auxquels
l'exposent les querelles séniles de l'Europe
retombée en enfance (67).

NOTES

1. Sur Zohâk, voir notre ouvrage intitulé *Ormazd et Ahriman*, Paris, Vieweg, 1877, §§ 91-95, 107-110.

2. Sur Saoshyant, voir *Ibid.*, §§ 180-192.

3. Le mot *imâm* signifie littéralement le chef, le guide. Dans la prière publique, il désigne le ministre officiant dont le peuple répète à voix basse les paroles et imite les mouvements. Il tient sa délégation de l'imâm suprême, successeur de Mahomet. Chez les Chiites, l'imâm légitime ayant disparu (voir page 148 et suite), il n'y a plus que des chefs de fait et la prière publique de vendredi n'est plus légale. (Querry, *Recueil des lois schyites*, I, 85.)

4. « De tout temps les musulmans ont entretenu l'opinion que, vers la consommation des siècles, doit nécessairement paraître un homme de la famille du Prophète, afin de soutenir la religion et de faire triompher la justice. Emmenant à sa suite les vrais croyants, il se rendra maître des royaumes musulmans et s'intitulera *El-Mehdi* (le dirigé). Alors viendra Ed-Deddjâl (l'Antéchrist), et auront lieu les événements qui doivent signaler l'approche de la dernière heure (du monde), évé-

nements indiqués dans les recueils de traditions authentiques. Après la venue du Deddjâl, Jésus descendra (du ciel) et le tuera, ou bien (selon une autre opinion), il descendra avec le (Mehdi) pour aider à tuer le Deddjâl, et, en faisant sa prière, il aura le Mehdi pour imam (chef de la prière). » (*Prolégomènes d'Ibn Khaldoun*, trad. de Slane, II, 158.) — Voir tout le chapitre, qui contient une collection de traditions relatives au Mahdi. Ibn Khaldoun écrit au xiv⁴ siècle (né à Tunis en 1332, mort en Egypte en 1406).

5. *Prolégomènes*, II, 166.

6. *Prairies d'or*, II, 162.

7. *Bagi minocitri min yazdân.* (Inscriptions pehlvies, passim.)

8. « Rex regum Sapor, particeps siderum, frater solis et lunae, Constantio Caesari, fratri meo, salutem plurimam dico. » Ammien Marcellin, XVII, 5-3.

Χοσρόης βασιλεὺς βασιλέων, ...ἐν θεοῖς μὲν ἄνθρωπος ἀγαθὸς καὶ αἰώνιος, ἐν δὲ τοῖς ἀνθρώποις θεὸς ἐπιφανέτατος, ὑπερένδοξος, νικητής, ἡλίω συνανατέλλων καὶ τῇ νυκτὶ χαριζόμενος ὄμματα... » (Theophylactus Simocatta, IV. 8.)

9. Adrien de Longpérier, *Œuvres*, I, 79. De là sans doute chez les soufis l'emploi du mot *qotb*, pôle, pour désigner le saint suprême, délégué de Dieu, par la vertu de qui, dans chaque génération, la nature et le monde suivent l'ordre réglé. (Silvestre de Sacy, *Journal des Savants*, 1822, page 17.)

10. Amari, *Storia dei musulmani di Sicilia*, I, 107.

11. On attribue la première apothéose d'Ali à un juif converti du Yémen, Abdallâh ibn Saba,

fondateur des sectes *Extravagantes* ou *ultra-alides* (les *ghâliya*); voir sur ces sectes, Schahrastâni, *Sectes et écoles*, traduction Haarbrücker (Ab-ul-Fath Muhammad asch-Schahrastâni's *Religionspartheien und Philosophen-Schulen*, Halle, 2 vol. 1850; I, 195-219.)

12. Comte de Gobineau, *Religions de l'Asie centrale*; pages 339 suite. — Chodzko, *Théâtre persan*, 1878.

13. *Prolégomènes*, II, 178.

14. Sur les doctrines de *Mokhtar* et des *Mokhtariya*, voir *Schahrastâni*, l. c., I, 166-169; sur la vie de Mokhtar, voir la *Chronique de Tabari*, traduction Zotenberg, IV, 80 et suite.

15. *Ormazd et Ahriman*, pp. 212, 217.

16. Simrock, *Handbuch der Deutschen Mythologie*, préface de la 4e édition.

17. *Ormazd et Ahriman*, §§ 175-179.

18. Vers du poète Koteir :

« En vérité, les imams de Koreisch, les maîtres de la vérité, sont au nombre de quatre, égaux entre eux :

« Ali et trois de ses enfants, petit-fils (du Prophète par leur mère, *Sibt*) sur lesquels ne plane aucun doute ;

« Un petit-fils héritier de sa foi et de sa générosité (Haçan). Un autre que recèle la sépulture de Kerbela (Haçein).

« Un troisième, caché à tous les regards jusqu'au jour où il apparaîtra à la tête de ses cavaliers, précédés de l'étendard (Mohammed).

« Ce fils se dérobe à tous les yeux, pendant un laps de temps, caché dans la vallée de Radwa où coulent l'eau et le miel. »

(Masoudi, trad. Barbier de Meynard, V, 182;
Cf. Schahrastâni, l. c., I, 168.)

« La vallée de Radwa est située au fond d'une
montagne du même nom, près de Yanbo, entre
cette ville et Médine. L'aspect mystérieux de ce
vallon, ses grottes, ses gorges boisées se prêtaient
bien à la légende de l'imam caché. » (Barbier de
Meynard, Le Seid himyarite, Journal asiatique, 1874,
II, 249 note.)

19. Prolégomènes, II, 180.

20. Sur la vie et l'œuvre de ce poète, voir la
monographie de M. Barbier de Meynard dans le
Journal asiatique, 1874, II, 159 et suiv.

21. Nom de la mère de Mohammed, qui appar-
tenait à la tribu hanéfite.

22. Prairies d'or, V, 182.
Les derniers vers composés par le Seid mourant
sont en l'honneur du Mahdi hanéfite :

« N'es-tu pas informé, et pourtant les nouvelles
se propagent, n'es-tu pas informé des paroles que
Mohammed adressa

« Au dépositaire de sa science, au guide du
salut, Ali, tandis que Khawlah remplissait les fonc-
tions de servante dans sa demeure ?

« Sache (lui disait le Prophète) que bientôt
Khawlah te donnera un fils au caractère généreux, un brave, un héros ;

« Il se glorifiera du nom et du surnom dont je
l'ai doté, et il sera le Mahdi après moi ;

« Il vivra longtemps ignoré des hommes et ils
le croiront couché au fond du tombeau à Tîbah.

« Les mois et les années s'écouleront, et on le
verra dans le vallon de Radwa, au milieu des
panthères et des lions ;

« Autour de lui, gazelles blanches, taureaux, jeunes autruches circulent au milieu des lions ;

« Les bêtes féroces les épargnent et ne cherchent pas à les déchirer de leurs griffes ;

« La mort respecte leur hôte, et ces animaux paissent tranquillement au milieu des pâturages et des fleurs ;

« J'espère que ma dernière heure sera retardée, et que j'attendrai ton règne exempt de violence et dont personne n'accusera les rigueurs ;

« Tu triompheras de ceux qui nous persécutent à cause de Vous, et qui veulent nous détourner de Vous, qui êtes le meilleur des refuges.

« Tu nous placeras au-dessus d'eux, partout où ils seront, dans les profondeurs du Tehamah et sur les plateaux du Nedjd ;

« Lorsque, sortant du territoire sacré, tu te montreras aux fils de Maad réunis à Médine. »

23. *Prairies d'or*, V, 471.

24. *Prolégomènes*, tr. de Slane, I, 406.

25. Jelâl-uddin as-Suyûti, *History of the Caliphs*, tr. Jarrett, Calcutta, 1881, p. 13 et suite.

26. Dozy, *Essai sur l'histoire de l'Islamisme*, p. 240.

27. Schefer, *Chrestomathie persane*, p. 170 et suite. Le but réel de Sinbad était de rétablir la religion ancienne de la Perse. Lorsqu'il parlait dans l'intimité aux Guèbres, il leur disait : « Le règne des Arabes a pris fin, ainsi que le prédit un livre des Sassanides. Je ne renoncerai point à mon entreprise, tant que je n'aurai point détruit la Kaabah, dont le culte a été substitué à celui du soleil, et nous prendrons, comme autrefois, cet astre pour qiblèh. » Pour expliquer aux Guèbres pourquoi ils avaient en attendant combattu sous un étendard

musulman, il disait : « Mazdek est devenu *chiy* et il nous enjoint de venger le sang d'Abou Mouslim. » (*Ibid.*, p. 172.)

28. Le héros du poëme de Thomas Moore, *The veiled Prophet of Khorassan.*

29. Sur *El-Mocanna*, voir Gustav Weil, *Geschichte der Chalifen*, II, 101 et suite.

30. *Tabari*, IV, 371 et suiv.

31. *Tabari*, IV, 382-421.

32. Voici une des traditions apocryphes que l'on fit circuler alors pour amener la restauration des Alides, et que l'on faisait remonter à un contemporain d'Ali, Ibn Masoud :

« Pendant que nous étions auprès du Prophète, dit Abdallah Ibn Masoud, voilà des jeunes gens de la famille de Hachem qui approchèrent. Le Prophète, en les voyant, eut les yeux inondés de larmes et changea de couleur. Je lui dis : « Depuis assez longtemps nous remarquons quelque chose dans votre figure qui nous fait de la peine. » Il répondit : « Nous qui appartenons à une maison spécialement favorisée, Dieu a mieux aimé nous accorder le bonheur dans l'autre monde que la prospérité dans celui-ci. Après moi les membres de cette famille éprouveront des malheurs ; on les dispersera et on les chassera jusqu'à ce que viennent des gens du côté de l'Orient, ayant avec eux des drapeaux noirs. Ils demanderont ce qui est bien, et ne l'obtiendront pas ; puis ils combattront, seront victorieux et obtiendront ce qu'ils avaient demandé. Ils ne l'accepteront que pour le donner à un homme de ma famille, lequel remplira la terre d'équité autant qu'elle a été remplie d'injustice. Ceux d'entre vous qui verront cela doivent aller les joindre, quand même ils seraient obligés de s'y rendre en rampant sur la neige. » Ce fut Yezîd Ibn Abi Ziad qui rapporta cette parole, laquelle est généralement connue des traditionnistes sous le nom de *tradition des drapeaux*. » (*Prolégomènes*, tr. de Slane, II, 176.)

Les gens du côté de l'Orient sont l'armée d'Abou Mouslim, venue du Khorasan ; le drapeau noir était la bannière abbasside.

33. Depuis le roi Schah Abbas, qui organisa le pèlerinage de Mechhed, pour retenir en Perse les caravanes et l'or qui s'en allaient chaque année à la Mecque. Le mot *Mechhed* signifie « lieu de martyre » et par extension « tombeau d'un saint. »

34. Sur le sort des douze imams, voir Reinaud, *Description des monuments musulmans du cabinet Blacas*, 1828, vol. I, 367-377 ; Schefer, *Chrestomathie persane*, 184-189.

35. Mouradgea d'Ohsson, *Tableau de l'empire ottoman*, ed. in-fol., I, 88.

36. Barbier de Meynard, Yaqout, *Dictionnaire de la Perse*, p. 435.

37. *Voyages d'Ibn Batoutah* (XIVᵉ siècle), tr. Defrémery et Sanguinetti, II, 97-99. — *Prolégomènes d'Ibn Khaldoun*, tr. de Slane, I, 404.

38. Reinaud, l. c., I, 377 ; II, 161.

39. Chardin, *Voyage en Perse*, éd. Langlès, VII, 456 ; IX, 144, 144. — Ainsi faisait aussi le dernier des princes Sarbedariens (dynastie du Khorasan, de la fin du XIVᵉ siècle), Khodja ali Mouied. (d'Herbelot, *Bibliothèque orientale*, s. *Sarbedariens*.)

40. Le schisme remonte au sixième imam, Djafar. Djafar avait nommé pour successeur son

fils aîné, Ismaël; mais Ismaël étant mort avant lui, il avait transmis ses droits à son second fils Mousa, bien qu'Ismaël eût des enfants. La masse des Alides accepta Mousa, mais un parti puissant refusa de le reconnaître et resta fidèle à Ismaël et à sa descendance. « Quelques partisans d'Isma'îl refusèrent de croire à sa mort : il avait simplement disparu; il reviendrait un jour, fût-ce à la fin des siècles. Des bruits étranges circulaient sur lui : certaines personnes prétendaient l'avoir vu à Basrah. Tous ceux des Isma'îliyyah qui ajoutèrent foi à ces propos, déclarèrent qu'il fallait attendre le retour d'Isma'îl. Et Isma'îl ne revenant pas, ils en conclurent qu'il était le messie attendu, le Mahdî, et qu'il n'y avait plus d'imâm après lui. On leur donna le nom d'Ismaéliens stationnaires. La plupart acclamèrent le propre fils d'Isma'îl, Mohammad ben Isma'îl. » (Stanislas Guyard, *Un grand maître des Assassins*, *Journal asiatique*, 1877, I, 329.)

41. Sur la vie et le rôle d'Abdallah ben Meïmoun, voir Stanislas Guyard, l. c., 326-334.

42. Une tradition, attribuée à Mahomet, courait en Afrique qu'à la fin du monde le soleil se lèverait au couchant, ce que l'on interprétait en disant que le Mahdi paraîtrait au couchant, au Maghreb. Cela n'empêchait pas en même temps une interprétation littérale. — Sur le Mahdi fatimide, voir Ibn Khaldoun, *Histoire des Berbères*, tr. de Slane, III, 496; *Prolégomènes*, III, 40 et suiv., 128; Amari, *Storia dei musulmani di Sicilia*; Silvestre de Sacy, *Exposé de la religion des Druzes*, I, CCLXV.

43. Vie du Kalife fatimide Moez-lidîn-Allah, par Quatremère (*Journal asiatique*).

44. Silvestre de Sacy, l. c., I, 229.

45. Sur le Mahdi almohade, voir Dozy, *Essai sur l'Histoire de l'Islamisme*, pp. 368-380; Ibn Khaldoun, *Histoire des Berbères*, tr. de Slane, III, 161 et suite; *Prolégomènes*, I, 53 suite, 467; II, 442; le *Kartas*.

46. « Ils s'attendent ordinairement à le voir paraître dans quelque province éloignée, dans quelque localité sur l'extrême limite du pays habité, tel que le Zab, en Ifrikiya[1] et le Sous dans le Maghreb[2]. On voit beaucoup de gens d'une intelligence bornée, qui se rendent à une *ribat* située à Massa dans le Sous. Ils y vont avec l'intention d'y rester jusqu'à ce qu'ils rencontrent ce personnage, s'imaginant qu'il doit paraître dans cette *ribat* et qu'on y fera son inauguration. Ils ont choisi cet endroit parce qu'il est dans le voisinage du pays des Guedala, un des peuples voilés, et qu'ils s'imaginent que (le Fatimide) appartiendra à cette race, ou bien parce qu'ils pensent que ces nomades se chargeront de soutenir sa cause. Ce sont là des suppositions que rien ne justifie, excepté l'aspect extraordinaire des peuples (voilés)... Plusieurs individus, à l'intelligence bornée, se sont rendus à cette *ribat* avec l'intention de tromper le peuple et de se poser en fondateurs d'une nouvelle doctrine, projet qui sourit aux esprits ambitieux quand ils cèdent à l'inspiration du démon ou de leur propre folie. Aussi ces tentatives leur coûtent-elles très souvent la vie. » (*Prolégomènes*, II, 200).

47. Au commencement du VIIIe siècle de l'hégire, sous le mérinide Youçof Ibn Yacoub, un soufi surnommé *Touizeri*, le petit Touzerien (de Touzer, Djerid tunisien), paraît à la *ribat* de Massa, entraîne

---

1. En Algerie, au sud de l'Auras.
2. Sur l'Atlantique, à l'embouchure de la rivière de Sous.

nombre des gens du Sous, Guezoulas et Zanagas (Sanhadjas), est assassiné par les émirs masmoudiens alarmés.

El-Abbas paraît chez les Ghomara du Rif Marocain, entre 690 et 700 (1291-1300), prend Bades (Velez de Gomera), brûle les bazars, marche sur El-Mezemma (Alhucema), est assassiné.

Mohammed Ibn Abrahîm el-Abbeli, le maître d'Ibn Khaldoun, faisant le pèlerinage à la *ribat* d'el-Obbad (cimetière de la Zaouia du cheikh Bou Medin, enterré là), sur la montagne qui domine Tlemcen, fait route avec un descendant du Prophète, venant de Kerbela, où il était établi, accompagné d'une suite nombreuse qui le traite avec grands égards, et partout accueilli par des compatriotes qui le défraient; il venait fonder au Maghreb l'autorité du Fatimide; mais en voyant les forces du Mérinide Youçof Ibn Yacoub, il détale prudemment, en disant : « Nous avons fait une fausse démarche, ce n'est pas encore le moment. » (*Prolégomènes*, II, 202.)

48. En 1828 paraît un Mahdi sénégalien, Mohammed ben A'mar ben Ahhmed ; il se manifeste, comme Mahomet, au mois de Ramadan; on l'enferme comme fou dans une case bâtie exprès, selon la coutume du pays; il en sort douze jours plus tard à l'heure de la prière du soir, prend la parole avec l'accent d'un prophète et fait reconnaître sa mission; battu par l'Almamy (l'Emir *Al-Moumenin* de ces régions), il ramène à lui ses partisans ébranlés en offrant en sacrifice, pour les péchés du peuple, son fils encore à la mamelle. Je ne sais ce qu'il est devenu : les renseignements de source contemporaine que j'ai sous la main, et qui me sont signalés par M. James Jackson, s'arrêtent à cette date. (*Revue des Deux-Mondes*, 1829, I, 247.)

49. Mouradgea d'Ohsson, *Tableau de l'empire ottoman*, in-fol., I, 88. — C'est le code sonnite d'Omer Nessefy (né en 534 de l'hégire, 1142 de notre ère, commenté par Saad-eddin Teftazani (808 de l'hégire, 1405 de notre ère).

50. Mouradgea d'Ohsson signale plusieurs Mahdis sous les Sultans : la plupart sont des Derviches : Djelal sous Sélim I, Yahya Mohammed Seyyah, sous Mourad III, Ahmed Scheykh Sacariah, sous Mourad IV. Il ne donne malheureusement aucun détail sur ces Mahdis. « On croit qu'il existe encore aujourd'hui (1788) un imposteur de ce nom sur les frontières de la Perse. »

51. Hammer-Purgstall, *Histoire de l'empire ottoman*, tr. Hellert, XI, 239 et suiv. — Th. Reinach, *Histoire des Israélites*, 269 et suiv. — Autre Mahdi sous Ahmed II, en 1694 : il se déclare dans la mosquée d'Andrinople. Sommé de comparaître devant le Kaimakan, il se disculpe en se faisant passer pour fou : relâché, il recommence et se fait déporter à Lemnos (Hammer-Purgstal, l. c., XII, 360).

52. Rapport du 1er messidor an 7 (19 juin 1799).

53. *Société de géographie*, comptes rendus, 1883, 621-628. L'auteur donne parfois jusqu'à une unité près le nombre des rebelles engagés.

54. Il est de taille moyenne, couleur café au lait clair, barbe noire (Mousa Peney, *Revue d'ethnographie*, II, 473. Lettre du 13 avril 1883.) Il porte sur chaque joue trois cicatrices parallèles (*ibid.*) ; ce sont, m'écrit M. de Goeje, les traces de ces entailles appelées *mechâli* en Afrique (Welsted, *Travels in Arabia*, II, 206, 283) et *tachrit* à la Mecque (Robertson Smith, *Encycl. Brit.* s. *Mecca*) et qu'il est de mode de faire aux enfants, selon les uns,

pour empêcher les humeurs autour des yeux, selon les autres, en signe de piété. Il porte aussi
le sceau de la prophétie, voir page 87 et note 63.

55. « Quand même le monde n'aurait qu'un
jour à vivre, certes Dieu prolongerait ce jour
jusqu'à ce qu'il ressuscitât un homme à moi, ou
un membre de ma famille, dont le nom sera le
même que le mien, et dont le père portera le
même nom que mon père. » (*Prolégomènes*, II,
162.) — Cette tradition date probablement du
concurrent d'Almansor, le Mahdi Mohammed,
qui était fils d'un Abdallah.

56. *Bosphore Egyptien*, 8 juin 1884.

57. « Il est bien remarquable, m'écrit l'éminent
orientaliste de Leide, M. de Goeje, et preuve de
sincérité que le Mahdi actuel ne se donne pas une
généalogie fatimide » (Lettre du 13 mars 1885),
— Cf. note 65.

58. Voir la relation des prisonniers grecs cités
plus bas, note 69.

59. Voici une circulaire trouvée sur des prisonniers faits à la bataille de Kirbekan (9 février
1885) et qui, bien que n'émanant pas directement
du Mahdi, est inspirée de son esprit et dénote à la
fois l'énergie pratique et la foi de l'écrivain.
« Au nom du Dieu très miséricordieux et clé-
ment... Aux Scheikhs du Dar Monister, du Dar
Robatat, etc. Il a été distribué vingt-cinq fusils
à chaque village de votre pays et dans tous les
districts des Shagyeh. Nul donc ne doit désormais
venir à vous sans armes. Quiconque joindra votre
camp sans porter un fusil recevra 200 coups de
courbaches. *Des hommes non armés ne servent à rien
et ne font que manger les provisions* ; de plus on peut
les soupçonner d'être tièdes dans notre cause et de

craindre d'être vus par les Giaours, *ou par les Turcs qui ne sont pas de vrais musulmans et sont plus à maudire que les Giaours.* Tous ces êtres vous les détruirez au temps voulu. *Après que beaucoup de sang aura coulé, il y aura paix.*

« Veillez à ce que ces instructions de notre seigneur, le Longtemps-Attendu[1], soient suivies. Malheur à qui désobéira !

Suivent les signatures de quatre derviches :

MAHOMET ALI,
IBRAHIM-ERAN-HASSEIN,
HANID AGEIL,
SOLEIMANN YOUSSEFF.

(*Daily News*, 10 mars 1885, correspondance du champ de bataille, datée du 11 février.)

60. *L'Univers israélite*, 1855, 16 février.

61. Selon un intéressant article du *Daily News*, 21 mars 1885, Osman Digma, le plus habile des lieutenants du Mahdi, est le petit-fils d'un Turc, marchand d'esclaves établi à Souakin au commencement du siècle ; du côté maternel il appartient à la tribu (non arabe) des Hadendowas. La maison Osman Digna était la plus riche et la plus influente du pays de Souakin. Au cours de voyages de commerce au Soudan, où il allait chercher tous les produits échangeables, nègres compris, il se lia avec les principaux chefs du mouvement anti-égyptien qui couvait. Ruiné par la convention anglo-égyptienne contre l'esclavage, il réunit les cheiks sous le sycomore qui ombrage le principal puits de Souakin et les exhorta à se soulever contre les Turcs (les Egyptiens), ces faux musulmans, alliés des chrétiens. Les cheiks le traitèrent

---

1. Probablement *El-Montazer*, le vieux titre du Mahdi ou du dernier imâm. (Cf. p. 48.)

de fou. Il attendit et reprit sa vie de voyage. Quand le Mahdi se déclara, il se prononça l'un des premiers pour lui, vint le trouver à El Obeid, reçut de lui le titre « d'Emir du Derviche de Dieu », avec des lettres aux cheikhs de Souakin, leur ordonnant de lui obéir. Depuis il a héroïquement tenu tête aux Anglais, souvent battu, reprenant toujours ses positions et toujours prêt à reprendre l'offensive. Sa fortune semble s'être éclipsée enfin devant le général Graham, dans les derniers jours de mars. Son camp de Temai a été pris au commencement avril; il est vrai qu'il l'avait déjà été l'an dernier, sans grand profit pour les Anglais.

62. Henri Duveyrier, *La confrérie musulmane de Sidi Mohammed ben 'Ali Es-Senousi et son domaine géographique en l'année 1300 de l'hégire*, Paris, Société de Géographie, 1884.

63. Il est dit que Mahomet portait entre les deux épaules le sceau de la prophétie. « Les Musulmans croient que c'était une espèce de loupe, couverte de poils et de la grosseur d'un œuf de pigeon. Ils ajoutent que tous les prophètes en avaient eu une semblable, et qu'à la mort de Mahomet le sceau de la prophétie disparut pour toujours. Mahomet faisait de cet accident naturel une des grandes preuves de la divinité de sa mission. » (Reinaud, *Description du cabinet Blacas*, II, 79).

64. L'Ange de la mort.

65. Façon ingénieuse d'avouer qu'il n'est point du sang de Mahomet. Cf. note 57.

66. C'est un grand docteur du viie siècle, devenu le grand saint de l'Afrique contemporaine; il revient sur terre une fois par an, la nuit, et traverse le désert sous les rayons de la lune, sur un

cheval magnifiquement caparaçonné. Sur la confrérie qui relève de lui, les *Qaderis*, à laquelle le
Mahdi semble donc appartenir, voir le livre du
commandant Rinn, *Marabouts et Khouans*, Alger,
1884, p. 173 et suite.

67. Entre le *Rokn* et le *Makâm*. Le *Rokn* est la
fameuse pierre noire, apportée du ciel par l'ange
Gabriel, enchassée dans la muraille, à l'angle
nord·est, et d'où partent les pèlerins pour faire les
sept tournées sacrées autour du temple. Elle était,
dit-on, d'abord d'un rouge éclatant, d'une merveil-
leuse transparence : elle s'est noircie sous les
baisers des générations de pécheurs. Le *Makâm* ou
Makâm Ibrahim est la place où se tenait Abraham
pendant la construction de la Caaba.

68. *The traitor Gordon.* (*Daily News*, 14 février.)

69. La supposition que nous émettions vient
d'être confirmée par une correspondance de Mas-
sowah, publiée dans le *Standard* du 4 mars et qui
contient la relation des aventures de quatre prisonniers chrétiens. « Pour expliquer la résistance
obstinée qu'un seul chrétien opposa avec succès au
Prince de la Foi, celui-ci alléguait que Gordon
n'était pas un infidèle ordinaire, mais l'Antéchrist
lui-même, annoncé dans les prophéties du Coran,
que le Mahdi est destiné à renverser avant l'arrivée
du vrai Messie et l'établissement du millenium
musulman. »

 Cette relation contient quelques détails intéres-
sants et qui éclairent quelques-uns des points déjà
touchés. Ces prisonniers étaient trois Grecs et un
Copte, établis à Ghedarif et pris avec la ville par
les rebelles. Pour sauver leur vie, ils durent prononcer le Credo musulman « il n'y a d'autre dieu
que Dieu et Mahomet est son prophète » revêtir
l'uniforme du Mahdi, une ceinture blanche, bro-

dée de vert et de bleu, une paire de sandales, un chapeau de feutre gris, enroulé d'un bout d'étoffe gris et vert ; ils baisèrent la main de l'Emir et reçurent deux lances avec lesquelles ils durent frapper trois fois le sol, en poussant le cri de guerre du Mahdi : *fih zebil Allah*, pour la cause de Dieu.

Envoyés au camp du Mahdi à Khartoum, il les reçut, semble-t-il, avec considération et les protégea contre l'intolérance et les vexations de ses partisans, plus royalistes que le roi. On s'indignait qu'ils ne fussent pas circoncis : le Mahdi fit taire les mécontents par une révélation, venue à propos, exemptant de la circoncision les convertis adultes. Il causait souvent avec eux, les interrogeait sur Constantinople qui semble être, après le Caire et la Mecque, le but de son ambition, mais qu'il place aux environs de l'Indoustan.

Le Mahdi est désigné sous le nom de *Seidna el-Imaum*, Notre Seigneur, l'imam. A part les licences qu'il se donne comme Mahomet, quant au nombre de ses femmes, il se soumet à toutes les privations qu'il impose à ses partisans. Défense absolue des liqueurs enivrantes et du tabac : lois somptuaires très strictes ; le port d'un vêtement européen ou égyptien est puni de tant de coups de courbache. Les impôts, même la dîme coranique, sont abolis ; la confiscation des biens des chrétiens, les contributions forcées des marchands et le pillage remplissent le *Beit ul-mal* ou trésor public sur lequel vit le peuple. Toute trace d'administration est abolie au profit de la dictature des émirs, généralement des parents ou des intimes du Mahdi.

70. Ou neuf ans : Mahomet aurait dit :

« Le Mahdi sera de mon peuple ; s'il doit faire un court séjour (parmi eux), il restera sept (ans) ; sinon (il en restera) neuf. Mon peuple jouira pendant ce temps d'un bien-être tel qu'on n'en a jamais entendu de pareil ; la terre produira toute chose bonne à manger, et ne leur refusera rien ; l'argent sera comme ce qu'on foule aux pieds, et un homme se lèvera et dira : O Mahdi, donne-moi ! et le Mahdi répondra : Prends ! » (*Prolégo-mènes*, II, 171.)

71. Dans l'Inde aussi il y a place pour un Mahdi, puisqu'il y a une population musulmane. Un Mahdi musulman trouverait aisément un écho dans la population brahmanique, car le Brahma-nisme moderne a son Mahdi : c'est Vichnou dans son dernier avatar, non encore manifesté, l'avatar de *Kalki*. A la fin des temps, Vichnou doit naître d'une famille de prêtres et sous le nom de Kalki, et viendra, sur un cheval blanc, l'épée flamboyante à la main, exterminer les barbares. Cette concep-tion, qui ne paraît qu'à partir du bas moyen âge indien, semble s'être formée sous l'influence du messianisme persan-musulman, apporté par la con-quête musulmane.

En 1810 parut un Mahdi dans la petite ville de Bodhan, à 15 milles de Surate. Il envoya au gou-verneur, M. Crow, une sommation de se convertir ainsi conçue :

« A tous les conseillers et au gouverneur de Surate : Qu'il soit connu que l'*Imammul Deen* de la fin du monde ou *Emaum Mehdee* [1] vient de se manifester, et que le nom de ce derviche est Ahmud, en hindoui on l'appelle Raja Nukluk. Sachez encore que si vous acceptez l'Islam, tant mieux ; si non, videz la ville ou préparez-vous à la bataille. Ce fakir vient de descendre du qua-trième ciel avec quatre corps, combinant Adam

---

1. L'*imâm eddin*, le chef de la religion, ou *Imâm Mehdi*.

(sur qui soit la paix!), Essah le fils de Marium (?),
Jésus, le fils de Marie et Ahmed (sur qui soit la
paix!) et ils sont venus tous les quatre dans une
même place; ils n'ont point de fusils ni de mous-
quets avec eux, mais j'ai un bâton et un mouchoir
avec moi[1]; préparez-vous. — Daté le 11 Zil-hij,
correspondant au 17 janvier 1810. »

L'auteur de cette épître étrange, attaqué dans
Bodhan par deux escadrons, se fit tuer avec
quelques centaines d'hommes. (Dosabhai Framji,
History of the Parsis, II, 24; d'après Briggs, *Cities
of Gujarashtra.*)

1. Pour les battre ou les étrangler (?)

PUBLICATIONS RELATIVES AU BOUDDHISME

BIGANDET (Paul). *Vie ou légende de Gaudama*, le Bouddha des Birmans, et Notices sur les Phongyes ou moines birmans. Traduit en français par V. GAUVAIN, lieutenant de vaisseau. Grand in-8.. .... 10 fr.

CUST (Robert). *Les langues et les religions de l'Inde*. In-18, elzévir............ .... 2 fr. 50

Dhammapada (Le), traduit en français par F. HU, suivi du Sûtra en 42 articles traduit du Tibétain par L. FEER. In-18 elzévir............................... 5 fr.

LAFFITTE (P.) Les *Grands Types de l'humanité*. Moïse, Manou, Bouddha, Mahomet, etc. Appréciation systématique des principaux agents de l'évolution humaine. 2 vol. in-8.............................. 15 fr.

Lalita Vistara, contenant l'histoire du Bouddha Çakia Mouni, traduit par Ph. Ed. FOUCAUX, professeur au Collège de France. In-4......................... 15 fr.

MILLOUÉ (L. de). Le *Bouddhisme*, son histoire, ses dogmes, son extension et son influence sur les peuples chez lesquels il s'est répandu. In-8................... 1 fr. 50

— *Précis d'Histoire des religions de l'Inde*. In-18 3 fr. 50

SCHLAGINTWEIT (E. de). Le *Bouddhisme au Thibet*. Traduit de l'anglais par L. DE MILLOUÉ. In-4 illustré de 48 planches............................. 20 fr.

SENART (Em.), membre de l'Institut. *Essai sur la légende de Buddha*, son caractère et ses origines, 2e édition revue et suivie d'un index. In-8............... 15 fr.

SUMNER (Mary). *Histoire du Bouddha Sakya Mouni*, depuis sa naissance jusqu'à sa mort, avec préface par P. E. FOUCAUX. In-18 elzévir..................... 5 fr.

— *Les religieuses bouddhistes depuis Sakya Mouni jusqu'à nos jours*. In-18 elzévir................. 2 fr. 50

VIRIEUX (Eug.) Le *Bouddha*, sa vie et sa doctrine. In-8. Prix.................................. 4 fr.

Le Puy. — Imprimerie Marchessou fils, boulevard Saint-Laurent, 23.

www.ingramcontent.com/pod-product-compliance
Lightning Source LLC
Chambersburg PA
CBHW060606100426
42744CB00008B/1337

9 7 8 2 0 1 2 6 8 7 7 7 6